AF617260

TRILOGÍA DE LEENANE

PUNTO DE VISTA EDITORES

Martin McDonagh

Trilogía de Leenane

Edición y traducción de Andrés Catalán

ÓmnibusTeatro, 29

Punto de Vista Editores

Colección ÓmnibusTeatro, 29

Título original: *The Leenane Trilogy: The Beauty Queen of Leenane / A Skull in Connemara / The Lonesome West*

Este libro fue publicado con el apoyo de Literature Ireland

Financiado con cargo al Plan de Recuperación, Resiliencia y Transformación y la Unión Europea – Next Generation EU

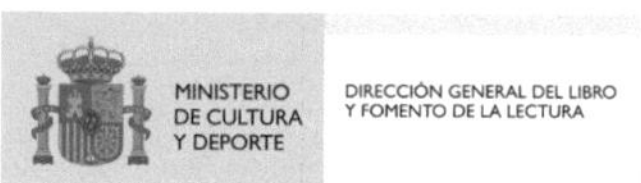

Primera edición: octubre, 2025

Publicado por Punto de Vista Editores
C/ Mesón de Paredes, 73
28012 (Madrid, España)

info@puntodevistaeditores.com
puntodevistaeditores.com
@puntodevistaed

Director de la colección: Felipe Díez
Coordinación editorial: Miguel S. Salas
Corrección: Luis Porras Vila
Diseño de colección y de cubierta: Joaquín Gallego

ISBN: 979-13-87624-21-7 | Thema: DD | Depósito legal: M-16576-2025
Impreso en España – *Printed in Spain*

Artes Gráficas Cofás, Móstoles (Madrid)

Este libro ha sido impreso en papel ecológico, cuya materia prima proviene de una gestión forestal sostenible.

Sumario

Prólogo

Érase una vez en Leenane

Cuando el 1 de febrero de 1996 los espectadores tomaron asiento en la inauguración del teatro New Town Hall de Galway para asistir al estreno de la primera obra de un nuevo y desconocido dramaturgo, *La reina de la belleza de Leenane* de Martin McDonagh, nada en la escenografía de la Druid Company, a cargo del montaje, sugería que fueran a ver una obra distinta del drama rural irlandés que desde hacía décadas seguía la tradición instaurada por el Abbey Theatre. El consabido escenario de la cocina rústica —con su fuego de turba, su inofensivo atizador, sus muebles desvencijados, su crucifijo y la perenne lluvia exterior— de un pequeño pueblo como es Leenane, sumado a la idea absurda de que existiera algo así como una reina de la belleza en ese lugar,[1] auguraba cuanto menos algo pasado de moda. Nada del aire anticuado del título de la obra parecía presagiar nada en consonancia con la nueva Irlanda —el Tigre Celta de finales de los años noventa— que quería romper con el pasado y encaminarse hacia un futuro de cosmopolitismo, paz y prosperidad. Durante la última década del siglo XX, el país había sufrido una serie de cambios importantes: por un lado, las viejas instituciones de Iglesia, familia y Estado estaban en entredicho debido a los escándalos de corrupción y abusos que habían salido a la luz; por el otro, el futuro parecía más brillante que nunca con la aprobación del divorcio, la despenalización de la homosexualidad, la reducción del desempleo y la emigración, la elección de una mujer (Mary Robinson) para la presidencia de la República, y cierta esperanza de resolución del conflicto de Irlanda del Norte que culminaría con el Acuerdo del Viernes Santo de 1998 y la disolución definitiva del Ejército Republicano Irlandés (IRA) en 2005.

1 El título, dicho sea de paso, y la elección de Leenane como escenario, se deben según el propio McDonagh a que le gustaba cómo resonaba la combinación de las palabras *queen* y *Leenane*.

Según la propia Garry Hynes, la directora de la Druid Company, la elección de la obra se debió entre otras cosas al deseo de instalar una falsa sensación de familiaridad y seguridad en el público. Fundada en 1975, la Druid era conocida por poner en escena obras de dramaturgos como J. M. Synge, Tom Murphy o J. B. Keane, y la intención era que el público esperara algo en esa línea:[2] «Durante los primeros instantes el público sentiría *oh, genial, una obra de la Druid, sabemos dónde estamos*. Y luego...». Lo que luego sucedió, a la media hora, fue que el público empezó a caer en la cuenta de que esta no era una típica obra irlandesa de cocina y fregadero. Los elementos resultaban familiares, pero el tratamiento no se parecía a nada que hubieran visto antes. Como describe Patrick Lonergan,[3] «había una dureza en la mirada del autor, una crueldad en su humor y una discordante mezcla de cultura tradicional irlandesa por un lado y de cultura pop global por otro que seguramente puso nerviosos a muchos esa tarde. Para cuando la obra había llegado a sus violentas y desoladoras escenas finales, el público había abandonado hacía mucho sus expectativas, completamente atrapados por la acción. Y, cuando *La reina de la belleza* acabó, debieron de darse cuenta de que habían visto algo que era a la vez familiar y alienante: una obra que estaba llena de códigos y señales que parecían prometer significados convencionales, pero que en cambio les había conducido a muchos callejones sin salida a la hora de interpretar su significado».

Como apunta Fintan O'Toole en su introducción a la edición inglesa de la trilogía,[4] esa mezcla de cultura tradicional irlandesa y cultura pop global es propia de una sensibilidad propia de los años noventa, en la que «el pastiche consciente y juguetón resulta indistinguible de la intención seria y sobria. Todos los elementos que forman el dibujo son reales, pero su efecto combinado es uno que cuestiona la misma idea de realidad». Tópicos tradicionales y gestos rupturistas, realismo y absurdo, comedia negra y melodrama tradicional se funden al situar

2 Además del escenario, el título de la obra y la trayectoria de la compañía, esto se veía reforzado por el reparto: el papel de la anciana Mag estaba a cargo de la actriz Anna Manahan (1924-2009), popular por sus papeles en obras de Synge, O'Casey, Wilde, Friel o J. B. Keane.

3 Patrick Lonergan, *The Theatre and Films of Martin McDonagh*, Methuen Drama, 2012, p. 46.

4 Martin McDonagh, *The Leenane Trilogy*, Methuen Drama, 1999, pp. xi-xii.

la acción en un país que es «a la vez premoderno y postmoderno. Los años cincuenta se superponen a los años noventa, dándole al aparente realismo de la obra la sensación fantasmagórica y confusa de una fotografía superpuesta. [...] Una de las fotografías es un fotograma en blanco y negro de una obra del Abbey de los años cincuenta: vírgenes del oeste de Irlanda y solares de Londres, madres tiránicas y yanquis que regresan, rivalidades familiares, clericales crisis de fe. Pero la otra fotografía es una Polaroid chillona de un paisaje postmoderno, un lugar desintegrado a medio camino de Londres y Boston, empapado de lluvia irlandesa y telenovelas australianas, un lugar en el que es difícil recordar el nombre de otra persona, en el que las noticias sobre asesinatos no dejan de manar desde la pantalla de la televisión [...]. Y tras estos colores estridentes, hay sombras en las que acechan la violencia y la locura».

***

El «solitario oeste» que es el escenario de la trilogía teatral de McDonagh coincide con el oeste de Irlanda como la Mancha del *Quijote*, el Dublín del *Ulises*, el Madrid de los esperpentos valleinclanescos, la Roma de Fellini o el Hollywood de David Lynch coinciden con sus homónimos fuera del universo de los libros, el teatro o el cine. Leenane es, efectivamente, un pequeño pueblo en el extremo norte de la región de Connemara, junto a la frontera del condado de Mayo, en el oeste de Irlanda, a orillas de lo que todas las guías de turismo anuncian como el único fiordo del país, Killary Fjord. Alrededor de unas pocas casas en torno a dos pubs, una iglesia, un hotel y un puñado de tiendas, la única actividad parece provenir de los autobuses de turistas que hacen un alto en sus *tours*. La gente, por descontado, no intercala cada dos palabras un *feck* —la suavizada variante irlandesa del inglés *fuck*—, no habla con el desorden sintáctico de los personajes de McDonagh, no usa tantas palabras oscuras propias del argot de la región, ni tampoco, evidentemente, son todos unos inadaptados mentirosos, rencorosos y asesinos, abocados a una vida de violencia, odio, locura y rencillas absurdas en el infierno distópico que pinta el dramaturgo, donde los personajes, como vagabundos de Beckett o criminales de Tarantino, se enzarzan en ágiles diálogos llenos de pullas solo por pasar el tiempo. Tampoco todos padecen, incluido el párroco local, una dipsomanía sin remedio: en lugar de *poteen*, el aguardiente al que tan aficionados son los personajes de la trilogía, en el pub hay de hecho un grifo de Guinness sin alcohol y nadie parece rasgarse las vestiduras.

El clima es duro, es cierto, y el paisaje, si bien de una intensa belleza, está muy lejos de los verdes prados romantizados en la película *El hombre tranquilo* de John Ford que mencionan los personajes de la trilogía. Es una región llena de rocas y brezos, de ciénagas y pequeños lagos, de las ruinas de las casas abandonadas durante la Gran Hambruna, un paisaje que, como en las obras de J. M. Synge (suya es la expresión «el solitario oeste»), afecta telúricamente la psique de los personajes. Wilde describió Connemara como una «región montañosa y salvaje», y tanto Yeats como Synge veían en ella el depositorio de una vida intocada por la vulgaridad moderna. El personaje de Lucky en *Esperando a Godot* de Beckett alude a lo rocoso y lúgubre de sus páramos en la frase que da título a la segunda de las obras de McDonagh: «las piedras tan azules tan tranquilas ay ay sobre sobre el cráneo el cráneo el cráneo el cráneo en Connemara».[5] Durante lo peor de la ocupación británica, de hecho, a los rebeldes irlandeses condenados en Dublín se les hacía elegir entre la soga o el exilio en Connemara, lo que no habla demasiado bien de la amabilidad de la región.

Los nacionalistas irlandeses de finales del XIX y principios del XX habían elaborado una invención proyectada desde la urbe que convertía el oeste irlandés en una idealizada Arcadia, una égloga romántica destinada a formar parte de la empresa del nacionalismo cultural, un oeste premoderno, preinglés, precristiano, en resumidas cuentas: la supuesta verdadera Irlanda. Si bien autores como J. M. Synge, Patrick Kavanagh, James Joyce o Tom Murphy desafiaron esta romantización, no llegaron al extremo de convertir el oeste irlandés, como McDonagh, en una imaginaria y grotesca «égloga negra», según el término acuñado por Nicholas Grene:[6] «No es solo que convierta el verde idilio irlandés en una distopía negra. "Égloga negra" es un concepto formado por analogía desde la comedia negra, un género que conscientemente invierte o desobedece las anteriores convenciones de la forma. La comedia normalmente evita los aspectos más dolorosos de la condición humana; la comedia negra

5 Al menos en la versión inglesa del texto, que cambia la original francesa en la que se sustituye Connemara por Normandía y «cráneo» por «cabeza»: «la tête la tête la tête la tête en Normandie».

6 Nicholas Grene, «Black Pastoral: 1990s Images of Ireland», en *After History*, Praga, Litteraria Pragensia, 2006, p. 245.

se ríe de la infelicidad, del sufrimiento, de la muerte. [...] La égloga negra supone una suerte similar de parodia del género bucólico». Si en *El campeón del mundo occidental* de Synge el parricidio (frustrado) del viejo Mahon a manos de su hijo Christy era una noticia sorprendente para los habitantes ávidos de novedades del pueblo y supuso un escándalo para el público de 1907, en la *Trilogía de Leenane* la violencia y la muerte forman parte del día a día de los personajes en «la capital del crimen de la puñetera Europa», donde «Dios no tiene jurisdicción», como describe Leenane el personaje del padre Welsh en *El solitario oeste.*

La naturaleza del oeste de la trilogía está lejos de la idealizada campiña de Boucicault y del mundo poético de los campesinos de Synge y Yeats: «un puñetero monte» lleno de barro y rocas en *La reina de la belleza,* un cementerio a medio camino entre *Hamlet* y una comedia gótica en *Un cráneo en Connemara* y un lago desolado al que acuden los suicidas en *El solitario oeste.* Por supuesto, en esta naturaleza sórdida ni siquiera los animales se libran: todo lo que rodea a los personajes son vacas que llevan muertas cinco años, gallinas a las que mata una pelota de tenis, perros a los que se le cortan las orejas y hámsteres que se cocinan en un horno de la escuela.

En la Irlanda de McDonagh, los turistas yanquis pueden acudir en busca de postales de los lugares en los que se rodó *El hombre tranquilo* y una emigrante trinitense puede reconocer la belleza de Connemara en la fotografía de un calendario, pero eso es todo. Los personajes viven en un rincón del mundo donde las telenovelas australianas, las series policiacas estadounidenses y las revistas de mujeres tienen más fuerza que la Irlanda que se ve por la ventana y el mundo real que los rodea; un mundo, el de la vieja Irlanda, del que solo quedan fragmentos: la Iglesia católica es un crucifijo olvidado en la pared, un párroco borracho, las noticias de un obispo que tuvo un hijo con una yanqui, unas figuritas de santos fundidas y los volovanes tras un funeral; el Estado es un policía melancólico y suicida que sabe más de series policiacas que de crímenes reales; el gaélico, una lengua olvidada, «paparruchas» que suenan en la radio o algunas palabras del hibernoinglés en boca de los personajes; la comunidad, un hatajo de chismosos y gorrones y un equipo marrullero de fútbol femenino; la familia, una hija que asesina a su madre, un marido que asesina a su esposa, un hijo que le vuela la cabeza a su padre de un disparo y dos hermanos que no hacen otra cosa que intentar estrangularse.

***

El espejo distorsionado de la Irlanda de McDonagh responde, en gran medida, a las circunstancias biográficas del autor. Hijo de inmigrantes irlandeses —padre de Galway, madre de Sligo—, McDonagh nació en 1970 en el barrio Elephant and Castle del sur de Londres. Rodeado de familiares y vecinos irlandeses, oía a menudo las canciones del grupo Dubliners desde la casa de al lado al mismo tiempo que su madre escuchaba las baladas de Delia Murphy. Acudió a una escuela católica con profesores irlandeses y creció en una comunidad, primero en Elephant and Castle y luego en Camberwell, para la que Irlanda era poco menos que un paraíso perdido que se miraba con nostalgia y melancolía desde el exilio londinense. De igual manera que un siglo antes la generación de Yeats había evocado —y construido—, primero desde Inglaterra y luego desde Dublín, un idílico oeste irlandés, o como décadas después los personajes de Tom Murphy fantaseaban en su condición de inmigrantes con la Irlanda ideal que seguía congelada en el momento en que la habían abandonado.

McDonagh, además, pasó todos los veranos en Easkey, en el condado de Sligo, y en Connemara, en el condado de Galway; incluso cuando sus padres, jubilados, volvieron en 1992 a su tierra natal, y Martin y su hermano se quedaron en Londres. Sin embargo, la conexión con Irlanda está, en el caso de McDonagh, desligada de todo tipo de añoranza o idealización. No es hijo de la clase angloirlandesa protestante que dominó la cultura de principios del XX, sino de una nueva fusión que procedía no de una aristocracia —una *Ascendancy* más bien—, sino del exilio: una clase urbana, inglesa, con sus propias y particulares conexiones con Irlanda. Ni el sentido de comunidad, ni el sentimiento nacionalista ni el catolicismo de su entorno calaron en él superada la infancia; la conexión literaria —Synge, Yeats, O'Casey, Joyce o Beckett— que podíamos presumir en él tampoco formaba parte de su cultura, sino más bien películas como *Reservoir Dogs, Badlands, El padrino, Tarde de perros, Taxi Driver, Mean Streets* y *Goodfellas,* o los programas de televisión británicos que veía con su hermano por las tardes. A menudo su relación con Irlanda se ha equiparado con la del grupo musical angloirlandés The Pogues, una suma del *punk* de los Sex Pistols y del lirismo de la balada tradicional irlandesa: una relación ambigua en el sentido de que al mismo tiempo expresa nostalgia y desdén por la cultura de la que procede, «una celebración y un rechazo, un beso y una patada, [...] aversión y orgullo, pertenencia y negación, agresión y aceptación. No solo dos cosas a la vez, sino dos cosas opuestas a la vez».[7] Algo solo posible para alguien ajeno y a la vez perteneciente a la cultura de sus padres y abuelos, a quien la distancia le permite escapar de la parálisis a la hora de enfrentarse a ella y ver lo que otros no quieren ver, o ven pero no saben expresar.

En todo caso, si aparte de por su pasaporte irlandés McDonagh decidió recurrir a Irlanda fue ante todo porque, decidido a escribir teatro, encontró en los ritmos y las estructuras que había escuchado a su alrededor de boca de sus parientes irlandeses una posible llave con la que salir de la jaula en la que Pinter, Shepard o Mamet —sus modelos confesos más inmediatos— corrían el peligro de encerrarle. Una forma como cualquier otra de sacudirse una influencia demasiado obvia. El teatro de Harold Pinter, especialmente, le interesaba por su uso «del diálogo por el diálogo, no solo para transmitir información o hacer avanzar el argumento» y además le «atraían los aspectos siniestros de sus textos». Podríamos añadir que comparte con Pinter también la relación que se establece con el público como cocreador de unas obras de interpretación tremendamente ambigua.

Tras escribir un centenar y medio de pequeños cuentos grotescos a medio camino entre Borges, Stephen King y los hermanos Grimm —que luego aparecerían en su perturbadora obra *El hombre almohada,* estrenada en 2003—, más de veinte obras de radioteatro y guiones cinematográficos sin éxito, McDonagh se encontró en 1994 viviendo él solo en Camberwell tras la marcha de su hermano, que había recibido una beca para estudiar guion cinematográfico en California. Durante algunos años había vivido de prestaciones sociales y de diversos trabajos menores que no le interesaban —incluido el de reponedor de supermercado—; pero, decidido a hacer definitivamente algo al respecto, dejó el trabajo que detestaba en el Departamento de Comercio e Industria y se propuso escribir todos los días y probar con el teatro convencional.

El paisaje de sus vacaciones y de su familia, según McDonagh, se había quedado grabado en su cabeza: «El carácter lunar, lo remoto, lo

7 John Waters, «The Irish Mummy: The Plays and Purpose of Martin McDonagh», en *Druids, Dudes and Beauty Queens: The Changing Face of Irish Theatre,* ed. Dermot Bolger, Dublín, New Island, 2001, p. 31.

salvaje, la soledad imperantes». Pero Irlanda es sobre todo en sus obras una voz, un ritmo. «Es como transcribir lo que dicen otras personas», en palabras de McDonagh. El lenguaje que sus personajes emplean, por descontado, no es una transcripción fiel del habla de Connemara, en la misma medida que J. M. Synge no pretendió en su día capturar documentalmente el hibernoinglés de las islas Aran o de Wicklock, sino elaborar un idioma propio a partir de particularidades locales con fines exclusivamente dramáticos. En el caso de McDonagh, esto se traduce en que los personajes hablan empleando un puñado de palabras propias de la isla —con una tendencia exasperante al empleo de muletillas— y, como en Synge, se expresan «como si hablaran en inglés pero pensaran en gaélico», esto es, usando la base sintáctica del segundo, pero utilizando palabras del primero (colocando el verbo al final de la frase, por ejemplo). Dado que en gaélico no hay una palabra para sí o no, y se afirma o se niega repitiendo el verbo, los diálogos están llenos de repeticiones que, sumado a la tendencia de los personajes a cuestionar, matizar o malinterpretar constantemente lo que se dicen, produce un ritmo frenético y extraño que resulta tremendamente coloquial sin dejar de ser retorcido y extravagante. Como en Pinter, la comunicación de los hechos más banales a veces parece cuanto menos imposible, y esta imposibilidad permite que bajo lo banal parezca acechar lo siniestro.

«Tan pronto como empecé a oír las palabras en voz de mis tíos todo empezó a surgir sin más», explicaba en una entrevista en 1998.[8] Una vez encontrada la voz, el ritmo y el escenario, en nueve milagrosos meses había redactado los borradores de nada menos que siete obras de teatro: la trilogía de Leenane (*La reina de la belleza de Leenane, Un cráneo en Connemara y El solitario oeste*), la trilogía de las islas Aran (*El cojo de Inishmaan, El teniente de Inishmore* y *Almas en pena en Inisheer*) y *El hombre almohada*.[9] Empezó a enviar las obras a compañías de teatro, la mayoría de las cuales no respondieron.

En la primavera de 1995, sin embargo, Garry Hynes, la directora de la prestigiosa compañía Druid Theatre de Galway, se encontró revi-

8 Rick Lyman, «Most Promising (and Grating) Playwright», *The New York Times Magazine*, 25 de enero de 1998.

9 De ellas, solamente la tercera de la trilogía de las islas Aran no vería la luz en forma de teatro, y se estrenaría décadas después, en 2022, en forma de largometraje con dirección del propio McDonagh, y con Colin Farrell y Brendan Gleeson en los papeles protagonistas.

sando un puñado de obras que la compañía había recibido y empezó a leer una de McDonagh: «me encontraba sentada una noche después de cenar en casa, con el texto de *Un cráneo en Connemara* en las manos. Nada más leer el diálogo me dieron ganas de escucharlo en voz alta, hasta el punto de que empecé a hacerlo yo misma. Recuerdo muy claramente leerlo en voz alta y tirarme al suelo desternillándome de risa». Tras llamar inmediatamente a McDonagh y pedirle ver el resto de sus obras, Hynes compró los derechos para producir las tres obras de la Trilogía de Leenane. En poco tiempo, la Druid en Irlanda, y en Londres el Royal Court, el National Theatre y la Royal Shakespeare Company habían producido sus obras. Saludado como el «más aclamado dramaturgo joven en Gran Bretaña» y «quizás el dramaturgo más prometedor de Gran Bretaña de los últimos diez años», en 1997 se dijo de él que era el primer dramaturgo desde Shakespeare en tener cuatro obras simultáneamente en cartel en Londres durante una sola temporada, y al frenético ritmo de estrenos y de giras —incluyendo Estados Unidos y Australia— se sumaron numerosos y prestigiosos premios a un lado y otro del Atlántico.

***

La aparición de las violentas «églogas negras» de McDonagh, no obstante, provocó también sus reacciones en contra. Y es lógico que las provocara: esto era parte de la esencia del teatro de su tiempo. Solo un año antes del estreno de la primera obra de McDonagh en Galway, Sarah Kane había sacudido en enero de 1995 la escena teatral británica con el estreno de la incómoda y radical, en forma y en fondo, *Blasted*. Era el inicio de lo que Aleks Sierz[10] llamó el *in-yer-face theatre*,[11] que recuperaba el espíritu de rebeldía y frescura de la generación de los *angry young men* de John Osborne y su *Look Back in Anger* de 1956, un espíritu que llevaba dormido —como llevaba dormido el teatro británico— desde hacía algunos años. La obra de Sarah Kane «fue atacada por críticos con una furia sin precedentes y el consiguiente revuelo demostró que, lejos de ser irrelevante, el teatro podría ser sumamente

10 Aleks Sierz, *In-Yer-Face Theatre: British Drama Today*, Londres, Faber and Faber, 2000.
11 El diccionario Oxford define la expresión *in-your-face* como algo «abiertamente agresivo o provocativo, imposible de ignorar o evitar».

provocativo y controvertido». A *Blasted* siguieron pocos meses después *Mojo*, de Jez Butterworth, *Shopping and Fucking* de Mark Ravenhill, *Attempts on her Life* de Martin Crimp, y *Closer* de Patrick Marber, por citar unas cuantas. Según Sierz, «la definición más amplia de teatro *in-yer-face* es cualquier obra que coge al público por el pescuezo y lo sacude hasta que entiende el mensaje [...] ¿Cómo saber si una obra es teatro *in-yer-face*? No es tan difícil: normalmente está llena de palabrotas, los personajes hablan sobre temas tabú, se quitan la ropa, practican sexo, se humillan unos a otros, experimentan emociones desagradables, se vuelven violentos de repente. [...] es tan potente, tan visceral, que obliga a reaccionar a los espectadores: o bien les entran ganas de salir corriendo del edificio o se convencen de que es lo mejor que han visto nunca y quieren que sus amigos lo vean también. Es el tipo de teatro que nos anima a usar superlativos, ya sea para alabarlo o condenarlo».

En el caso de McDonagh, las críticas a menudo le reprochan un uso gratuito de la violencia,[12] inciden en la eterna cuestión (desde tiempos de Synge) de si se está riendo *con* o *de* los irlandeses a base de repetir tópicos, prejuicios y caricaturas, aluden a la falta de afecto o compasión por sus personajes, es decir, a su exceso de amargura y nihilismo, y, finalmente, cuestionan si su uso irreverente de formas anticuadas como el melodrama —con sus traiciones secretas, sus cartas perdidas, sus juramentos rotos, sus identidades equivocadas y sus huidas frustradas— supone una verdadera visión posmoderna o es solamente un gesto vacío y frívolo, en la misma línea en que se criticaron las películas de Quentin Tarantino y su tratamiento del género de las *heist movies*; de hecho, a menudo se ha calificado a McDonagh de «Tarantino del teatro» o de «hijo bastardo de Tarantino y J. M. Synge».

***

Además de la violencia manifiesta o solapada en los diálogos, la violencia que ocurre tras bambalinas y los actos explícitos representados directamente sobre el escenario, desde el aceite hirviendo que

12 El caso extremo del uso de la violencia por parte de McDonagh sería *El teniente de Inishmore*, según el propio autor «lo más lejos que voy a llegar con esta violencia, con esto de la comedia negra» y que según un crítico dejaba a *Blasted* de Sarah Kane «como un capítulo de los *Teletubbies*».

Maureen vierte sobre su madre en *La reina de la belleza de Leenane*, el destrozo de esqueletos que Mick y Mairtin llevan a cabo en *Un cráneo en Connemara* o los sucesivos intentos de asesinato de la suerte de Caín y Abel que son los hermanos Connor en *El solitario oeste*, la característica fundamental de la provocación de las obras de McDonagh es su ambigüedad. Como afirma Lonergan: «su intención es confundir constantemente las expectativas y suposiciones de su público; repetidamente nos descubre nuestra propia capacidad para ser manipulados y engañados por un pensamiento perezoso, desorientados por nuestra simple aceptación de la validez de imágenes demasiado familiares y de convenciones literarias demasiado usadas [...]. Nos obliga a repensar lo que sabemos y la manera en que interpretamos la realidad [...]».[13]

Por un lado, los finales de sus obras resultan tremendamente abiertos a la interpretación y obligan al espectador a pensar e inventar su propia resolución a lo que han visto: ¿se marcha Maureen al final de *La reina de la belleza* como Nora en *Casa de muñecas* hacia un futuro incierto, pero mejor, maleta en mano, o se dispone a guardar la maleta y a quedarse en casa como un resignado remedo de su madre asesinada? ¿Estaba o no su crimen justificado? ¿Mató Mick a su esposa en *Un cráneo en Connemara*? ¿Redimirá el suicidio —crístico o egoísta según lo interpretemos— del padre Welsh a los hermanos Valene y Connor en *El solitario oeste*? Pero, además del hueco interpretativo, el puzle sin solución que nos atrae como la tumba vacía de la esposa de Mick y nos obliga, más que a intentar averiguar la verdad, «a cuestionarnos por qué estamos tan preocupados en resolver el puzle en primer lugar»,[14] la ambigüedad y la inestabilidad de significado permea todos los aspectos de la obra. La parodia y el pastiche son géneros inestables por naturaleza: ¿debemos tomárnoslas en serio o en broma? Una reseña al poco tiempo del estreno de *La reina de la belleza de Leenane* señalaba precisamente que su «extraordinario logro es que es terriblemente divertida, profundamente conmovedora y grotescamente macabra al mismo tiempo. Durante sus escenas más potentes, no sabes si reír, llorar o gritar de horror».[15] Realidad e irrealidad resultan difíciles de separar en la continua parodia de las con-

13 Patrick Lonergan, *op. cit.*, p. 19.
14 Patrick Lonergan, *op. cit.*, p. 21.
15 Charles Spencer, *Daily Telegraph*, 8 de marzo de 1996.

venciones realistas. Los propios objetos, que deberían servir de telón de fondo realista de la acción —las galletas Kimberley, el atizador, el fregadero, el hervidor de agua, el Complan, las patatas fritas Tayto, los cráneos de los muertos, el horno, las figuritas de los santos— pasan a un primer plano en la obsesión de los personajes por referirse a ellos, y no solo funcionan como bromas recurrentes muy eficientes dramáticamente, sino que adquieren un tono siniestro —o directamente se convierten en instrumentos criminales—, como lo adquieren gestos o palabras aparentemente inocentes a medida que avanza la acción de las obras o se leen y se ven una segunda vez.

Sobre la mezcla de comedia y violencia, el propio McDonagh declaraba en una entrevista: «Recorro una línea entre la comedia y la crueldad porque creo que la una ilumina a la otra. [...] Las cosas se ven más claramente a través de la exageración que de la realidad. [...] [Es un humor] que es simplemente gracioso e incómodo. Te hace reír y pensar».[16] El humor de McDonagh no es, sin embargo, como Sierz apunta sobre las obras del teatro *in-yer-face* que él califica de baja intensidad, siempre un humor que sirva como mecanismo distanciador («al fin y al cabo uno puede reaccionar al terror ignorándolo o riéndose de él»),[17] sino que lejos de ser un alivio cómico intensifica en muchas ocasiones el dolor de los personajes al hacer más patente los momentos más oscuros de las obras. Como apunta Catherine Rees, en realidad «no podemos ignorar el terror en la[s] obra[s] de McDonagh, porque aunque nos riamos, a un nivel más profundo el público está también implicado en la violencia porque está disfrutando vicariamente de ella. Es exactamente esta la incómoda posición en la que quiere colocarnos McDonagh».[18]

Los personajes, por otro lado, están lejos de actuar como actúan movidos simplemente por impulsos sádicos o violentos, por maldad o mezquindad. De ser así el alcance de las obras daría la razón a los que las critican por su falta de hondura o su uso trivial de la violencia. Los personajes actúan, en realidad, también movidos por la falta de amor, por desesperación, por estar atrapados por su pasado, por no

16 Sean O'Hagan, «The Wild West», *The Guardian*, 24 de marzo de 2001.
17 Sierz, *op. cit.*, p. 6.
18 Catherine Rees, «The Good, the Bad and the Ugly: The Politics of Molarity in Martin McDonagh's *The Lieutenant of Inishmore*», *New Theatre Quarterly*, 21:1, febrero de 2005, pp. 28-33.

saber interpretar la realidad posmoderna que los rodea en forma de televisores y revistas inmersos como están en las ruinas de un pasado que aún no ha terminado de pasar. Ni tampoco están faltos enteramente de cariño: son capaces en ocasiones de demostrarse afecto, por muy residual que este sea y muy erosionado por años de celos y resentimiento. No solo Girleen, quizá el personaje más positivo de la trilogía, o el párroco Welsh; también podemos entrever cierto afecto en la relación de Mag y Maureen —al fin y al cabo la hija cuida de la madre, y es capaz de tener gestos de cariño con ella—, entre Mick y Maryjohnny, entre Thomas y su hermano Mairtin, incluso entre Coleman y Valene cuando en un principio se proponen un intento de perdón. De la misma manera, aunque son personajes distorsionados y exagerados, funcionan precisamente porque en cierto modo los reconocemos como posibles, verdaderos en tanto que son cercanos a la percepción de gente real.

¿Y sobre este gran abanico de posibilidades de interpretaciones y reacciones, qué tiene que decir McDonagh? En sus propias palabras: «no me interesa ningún tipo de definición, ningún tipo de -ismo, político, social o religioso, todo eso. Además, he llegado a un lugar donde las ambigüedades me resultan mucho más interesantes que tener que elegir un camino riguroso y seguirlo [...] Todo lo que quiero hacer es contar historias».[19] Insistirá más de una vez. En otra entrevista, dirá: «ninguna de mis obras intenta ser una imagen precisa [...] solo son historias»[20] y, finalmente, «me gusta contar historias interesantes. Es divertido. Me encanta sorprenderme a mí mismo y hacerme reír».[21] Uno de los personajes de su obra *El hombre almohada* haría suyas sus palabras: el escritor Katurian defiende que «el único deber del narrador es contar una historia». El estilo de McDonagh, siempre en el filo que separa lo real y lo imaginado, la comedia y el melodrama, se caracteriza ante todo por su omnívora capacidad como contador de historias para usar todos los recursos a su alcance: lo clásico y lo gótico, la comedia macabra y la violencia propia del Grand Guignol, el humor grotesco, los momentos subidos de tono, la mezcla de lo mundano y lo horroroso. Más allá de su talento para

19 Fintan O'Toole, «Nowhere Man», *Irish Times,* 26 de abril de 1997.
20 Liz Hoggard, «Playboy of the West End World», *Independent Magazine,* 15 de junio de 2002.
21 Rick Lyman, *op. cit.*

la provocación, es su sentido del ritmo y su habilidad para contar historias que nos hacen descubrir, entre la fascinación y la ofensa, verdades incómodas sobre nosotros mismos, lo que al final, en último término, hace de Martin McDonagh un incontestable clásico del teatro reciente.

Andrés Catalán
Madrid, 2024

Nota a la edición

Los textos de las tres obras que aquí aparecen traducidas, reunidas bajo el título de *La trilogía de Leenane*, proceden de la edición de Methuen de 1999, *Martin McDonagh, Plays: 1*, con prólogo de Fintan O'Toole. También he tenido en cuenta las ediciones separadas de Methuen de *The Beauty Queen of Leenane* (2013) y de *The Lonesome West* (2018), a cargo de Catherine Rees y Patrick Lonergan, respectivamente. Gracias a que pude consultar los archivos de la Druid Company, he tenido en cuenta también las representaciones de la trilogía que pude ver en video y las notas de producción originales: algunos de los cambios de las mismas a los textos publicados los he incorporado a las acotaciones (nunca a los diálogos) cuando me parecían relevantes (generalmente acentúan el efecto cómico).

En cuanto a la traducción, tan solo señalar que no he intentado reflejar la retorcida sintaxis del hibernoinglés en mi versión castellana. La principal característica de los diálogos de McDonagh es su agilidad, y su efecto cómico se alcanza más por repetición que por una fidelidad a la desviación de la norma original que, lejos de lograr el mismo efecto, complicarían y restarían frescura a los intercambios: el fin último de esta traducción es un texto que pueda representarse sobre un escenario. Los personajes usan, además, muchas palabras —sobre todo insultos o palabrotas— propias del dialecto (desde *gassur, skitter, bawling, beag, feck, blackguard, gobshite, lube*, hasta el diminutivo omnipresente *-een*), y muletillas constantes como *like, now, sure, good-oh* y *oh aye*, por mencionar unas cuantas. Como en mi traducción del teatro completo de J. M. Synge, he intentado llevarlas a un registro popular castellano, o al castellano hablado en Galicia para darle un color local a los diálogos sin localizarlos del todo en un lugar que no sea una «Irlanda traducida»: de ahí el uso de palabras como *burujo, rapaz, caracho, langrán* o el diminutivo *-ino*.

He anotado, finalmente, a pie de página cuestiones relativas a la realidad cultural, histórica o social irlandesa del momento que podrían resultar oscuras al lector español de hoy en día.

Quería acabar agradeciendo a varias personas que hicieron posible este libro: a María Bastianes, que me descubrió el teatro de Martin McDonagh; a Helen Sheridan, que me llevó de ruta por Leenane y los alrededores de Connemara; a Patrick Lonergan y Barry Houlihan, de la universidad de Galway, que me iluminaron sobre varias cuestiones y me dejaron consultar el archivo del Druid Theatre; a la gente de Literature Ireland, que me hizo mucho más fácil la vida en Irlanda y ha apoyado la traducción de esta edición; y, finalmente, al programa de movilidad de la Unión Europea que me permitió pasar dos meses en Dublín y Galway trabajando sobre el tema.

TRILOGÍA DE LEENANE

La reina de la belleza de Leenane

La reina de la belleza de Leenane fue producida por Druid Theatre Company/ Royal Court Theatre en el Town Hall Theatre de Galway, Irlanda, el 1 de febrero de 1996. La obra se estrenó luego en el Royal Court Theatre Upstairs de Londres el 5 de marzo de 1996.
Posteriormente, fue producida por Atlantic Theater Company en Nueva York el 11 de febrero de 1998. Se estrenó en Broadway bajo la producción de Atlantic Theater Company, Randall L. Wreghitt, Chase Mishkin, Steven M. Levy y Leonard Soloway en asociación con Julian Schlossberg y Norma Langworthy el 14 de abril de 1998.

Personajes

Maureen Folan, cuarenta años. Feúcha, delgada

Mag Folan, su madre, sesenta años. Corpulenta, de salud delicada

Pato Dooley, un vecino atractivo, de unos cuarenta años

Ray Dooley, su hermano, veinte años

Escenario

Leenane, un pequeño pueblo de Connemara, en el condado de Galway

Acto primero

Escena 1

El salón/cocina de una casita en el campo al oeste de Irlanda. Puerta principal a la izquierda del escenario, un largo mueble de cocina negro en la pared del fondo con una caja de turba a sus pies y una mecedora a su derecha. Del lado de la cocina hay una puerta que conduce a un pasillo oculto a la vista de los espectadores y una estufa moderna, un fregadero y algunos armarios en la pared de la derecha. También a la derecha, una ventana que da al campo, con una repisa sobre el fregadero, una mesa de comedor con dos sillas justo en el centro del escenario, una pequeña televisión a la izquierda, un hervidor de agua y una radio en uno de los armarios de la cocina, un crucifijo y una fotografía enmarcada de John y Robert Kennedy[22] *en la pared sobre la cocina, un pesado atizador negro junto a la estufa, y un paño de cocina bordado como los que se venden en las tiendas de recuerdos para turistas con las palabras «Más te vale entrar al Cielo media hora antes de que el diablo sepa que estás muerto».*[23] *Cuando empieza la obra llueve intensamente. Mag Folan, una mujer corpulenta de setenta años, con el pelo gris recogido y ligeramente boquiabierta, está sentada en la mecedora, mirando al infinito. Su mano izquierda está algo más arrugada y roja que la derecha. La puerta principal se abre y su hija, Maureen, una mujer feúcha y delgada de unos cuarenta años, entra cargada con la compra y atraviesa la cocina.*

22 Los antepasados de John F. Kennedy (1917-1963) y Robert Kennedy (1925-1968) fueron emigrantes irlandeses; la historia de la familia Kennedy representa en Irlanda la cultural del éxito de los emigrantes, pasando en cuatro generaciones de la pobreza a la Casa Blanca. Su presencia en la obra es irónica: al fin y al cabo el final fue trágico.

23 «May you be half an hour in heaven afore the devil knows you're dead» es parte de un brindis popular irlandés, algo así como el español «que Dios nos coja confesados». Su presencia en forma de *souvenir* de gusto *kitsch* es sintomático del tono de la obra: un irlandés la diría en serio, sin asomo de broma o ironía, pero aquí sin duda evoca un pasado de nostalgia petrificado, desconectado con el presente, superviviente solo para el turista globalizado.

MAG. ¿Te mojaste, Maureen?

MAUREEN. ¿Que si me mojé? ¿A ti qué te parece?

MAG. Ajá.

Maureen se quita el abrigo, suspirando, y empieza a colocar la compra.

MAG. Ya me tomé el Complan.[24]

MAUREEN. Entonces sí sabes preparártelo sola.

MAG. Sí sé, sí. *(Pausa.)* Aunque tenía burujos, Maureen.

MAUREEN. ¿Y qué quieres que yo le haga?

MAG. No, nada.

MAUREEN. Quéjate a los de Complan, si tiene burujos.

MAG. *(Pausa.)* El que tú me preparas no tiene burujos. *(Pausa.)* Ni un solo burujo. Ni un burujino siquiera.

MAUREEN. Lo que pasa es que no lo remueves bien, eso es lo que pasa.

MAG. Lo removí bien y seguía teniendo burujos.

MAUREEN. Pues entonces seguro que echaste el agua demasiado rápido. Lo dice en la caja, que tienes que echarla poco a poco.

MAG. Mmm.

MAUREEN. Eso es lo que haces mal. Esta noche lo vuelves a intentar y ya está.

MAG. Mmm. *(Pausa.)* Y el agua caliente, el agua caliente también me da miedo. Me da miedo quemarme.

Maureen le echa una mirada suspicaz.

MAG. Que me da miedo, Maureen. Me da miedo que me tiemble la mano y me la acabe tirando encima. Y, si estás en casa de Mary Pender, ¿qué será de mí?

MAUREEN. No eres más que una hipocondriaca, eso es lo que eres.

MAG. Acabaré tirada por el suelo. Y no soy una hipocondriaca.

MAUREEN. Y tanto que lo eres. Todos lo saben. Vamos que si lo saben.

24 El Complan es un suplemento nutritivo en forma de polvos para ser mezclados con agua.

Mag. ¿Y mi infección de orina? ¿Eso es también porque soy una hipocondriaca?

Maureen. No, claro, porque la infección de orina te impide hacerte una taza de Complan o recoger un poco la casa cuando no estoy. Morirte no te vas a morir.

Mag. *(Pausa.)* Y con mi espalda pocha.

Maureen. Tu espalda pocha, ya.

Mag. Y mi mano. Mi mano pocha. *(Mag levanta una mano arrugada durante un segundo.)*

Maureen. *(En voz baja.)* Puñela... *(Irritada.)* ¡Ya te hago yo el Complan si tanto te cuesta! ¡Te lo voy a estar haciendo hasta el día del Juicio Final! Es lo único que te pido que hagas. ¿Ves que Annette o Margo vengan a prepararte el Complan o vayan a comprarte el bacalao en mantequilla para toda la semana?

Mag. No vienen, no.

Maureen. Pues claro que no. Y además cargo con él por el monte. Y a pesar de todo no se me agradece.

Mag. Sí que se te agradece, Maureen.

Maureen. No se me agradece.

Mag. Lo intentaré otra vez con mi Complan, y le daré bien de vueltas yo sola.

Maureen. Olvídate del Complan, anda. Si esperáis de mí que lo haga todo, supongo que una cosa más no será para tanto. ¡Una... una puñetera sirvientucha, eso os pensáis que soy!

Mag. No lo eres, Maureen.

Maureen cierra dando un golpe un par de puertas de los armarios después de terminar de guardar la compra y se sienta a la mesa, tras arrastrar ruidosamente su silla. Pausa.

Mag. Mis gachas, Maureen, no me las tomé, ¿me las preparas? No, pero no ahora, en un ratino, Maureen, descansa un poco primero...

Pero Maureen ya se ha levantado de un salto, regresado a la cocina y empezado a preparar las gachas lo más ruidosamente de lo que es capaz. Pausa.

Mag. ¿Escuchamos un poquín la radio?

Maureen aprieta furiosamente el botón de encendido de la radio. Tiene que darle un par de golpes antes de que se oiga, entre las interferencias, una voz nasal masculina cantando en gaélico. Pausa.

Mag. La dedicatoria que me enviaron Annette y Margo todavía no la escuché. ¿A qué esperan?

Maureen. Si es que la mandaron. Solo dijeron que lo hicieron. *(Maureen olisquea el fregadero, luego se vuelve hacia Mag.)* ¿No huele un poco raro este fregadero?

Mag. *(A la defensiva.)* No, qué va.

Maureen. Más te vale que no.

Mag. No huele a nada raro, Maureen. Te lo prometo.

Maureen vuelve con las gachas. Pausa.

Mag. ¿No está la radio un poquín alta, Maureen?

Maureen. ¿Un poquín alta, te parece?

Maureen le da otra vez un golpe furioso a la radio y la apaga. Pausa.

Mag. Bueno, total tampoco había nada. Un fulano cantando paparruchas.

Maureen. ¿Pues no querías escuchar esa emisora?

Mag. Solo por *La hora Ceilidh*[25] y por el programa ese como se llame.

Maureen. Un poco tarde para quejarse.

Mag. No por esas paparruchas la quería escuchar.

Maureen. *(Pausa.)* Y además no son paparruchas. ¿No es irlandés?

Mag. A mí me suena a paparruchas. ¿Por qué no pueden hablar en inglés como todo el mundo?

Maureen. ¿Por qué iban a hablar en inglés?

Mag. Para saber qué dicen.

Maureen. ¿Tú dónde vives?

25 *Ceilidh Time*, un programa de música tradicional irlandesa. Un *ceilidh* es un festejo de baile y música tradicional gaélica.

MAG. ¿Eh?

MAUREEN. Que dónde vives.

MAG. En Galway.

MAUREEN. ¡Que en qué país!

MAG. ¿Ajá...?

MAUREEN. ¡En Irlanda vives!

MAG. *Irlanda.*

MAUREEN. ¿Por qué íbamos a tener que hablar en inglés en Irlanda?

MAG. Pues no lo sé.

MAUREEN. Es irlandés lo que tendríamos que hablar en Irlanda.

MAG. Pues sí.

MAUREEN. ¿Eh?

MAG. ¿Eh?

MAUREEN. «Hablar en inglés en Irlanda», anda qué.

MAG. *(Pausa.)* Lo único es que... si quieres encontrar trabajo en Inglaterra, ¿de que te sirve el irlandés? De nada.

MAUREEN. ¿Pues no es el meollo del asunto?

MAG. ¿Lo es, Maureen?

MAUREEN. Si no fuera porque los ingleses nos robaron el idioma, y nuestra tierra, y nuestro Dios sabe qué más, ¿te parece que nos haría falta ir hasta allí a mendigarles trabajos y limosnas?

MAG. Supongo que es el meollo del asunto.

MAUREEN. Claro que es el puñetero meollo del asunto.

MAG. *(Pausa.)* Menos en América, claro.

MAUREEN. ¿Menos en América, claro, el qué?

MAG. Si fuera en América donde tuvieras que pedir limosnas, el irlandés no te serviría de nada. Lo más útil sería el inglés.

MAUREEN. ¿No es el mismo meollo del mismo asunto?

MAG. Pues no tengo ni idea.

MAUREEN. Educar a los hijos para que piensen que para lo único que valen es para mendigar limosnas de los ingleses y los yanquis. Es el mismísimo meollo.

MAG. Me imagino.

MAUREEN. Imaginas bien, porque es así.

MAG. *(Pausa.)* Si yo tuviera que ir a mendigar limosnas a algún sitio, preferiría mendigarlas en América que en Inglaterra, porque en América la verdad es que hace más sol. *(Pausa.)* ¿O es solo algo que dice la gente? ¿Que hace más sol, Maureen? ¿O es que es mentira?

Maureen sirve las gachas y se las acerca a Mag, hablando mientras lo hace.

MAUREEN. Eres una vieja estúpida y no tienes ni idea de lo que hablas. Ahora calla y cómete las puñeteras gachas.

Maureen vuelve al fregadero a lavar el cazo. Mag mira las gachas, luego se vuelve hacia ella.

MAG. ¡Te olvidaste de mi tacina de té!

Maureen se agarra a los bordes del fregadero y baja la cabeza, exasperada, luego tranquilamente, con patente autocontrol, llena el hervidor para preparar el té de su madre. Pausa. Mag habla mientras come despacio.

MAG. ¿Te encontraste con alguien por ahí, Maureen? *(No hay respuesta.)* Supongo que no, con el día que hace. *(Pausa.)* Además que lo de no saludar nunca a nadie es muy tu estilo, Maureen. *(Pausa.)* Aunque a algunas personas sería mejor no saludarlas. Como el fulano ese que se cargó a una pobre viejita en Dublín, que ni siquiera la conocía. Salió en el telediario, ¿te enteraste? *(Pausa.)* La estranguló, y ni siquiera la conocía. Con un fulano así mejor no hablar. Un fulano así mejor evitarlo directamente.

Maureen le acerca el té a Mag, luego se sienta a la mesa.

MAUREEN. La verdad es que es justo a un fulano así al que me gustaría conocer, y luego traerlo a casa para que te conociera a ti, si tanto le gusta asesinar viejitas.

MAG. No está bien decir esas cosas, Maureen.

MAUREEN. ¿Ah, no?

MAG. *(Pausa.)* Que además, ¿por qué iba a alejarse tanto de Dublín? Esto le queda muy a desmano.

MAUREEN. ¿Por qué? Por el placer de mi compañía. Asesinarte solo sería un premio extra.

MAG. Primero te asesinaría *a ti*, me apuesto lo que sea.

MAUREEN. Pues me vale. Me vale siempre y cuando luego te cortara en pedacitos a ti. Si te hiciera pedacitos con un hacha gigante, o algo así, y te tronchara esa vieja cabeza que tienes y te escupiera en el pescuezo, no me importaría en absoluto lo de morirme la primera. La verdad que no, lo disfrutaría, vamos que si lo disfrutaría. No más Complan, y no más gachas, y no más...

MAG. *(Interrumpiéndola, sosteniendo en alto la taza de té.)* No tiene azúcar, Maureen, te olvidaste, tráeme un poquino de azúcar, anda.

Maureen se queda mirándola un instante, luego coge la taza de té, se la lleva hasta el fregadero y la vacía, vuelve hasta donde está Mag, le quita las gachas a medio comer, vuelve a la cocina, las tira a la basura, deja el tazón en el fregadero y sale por el pasillo, dedicándole a Mag una mirada asesina al pasar y cerrando la puerta detrás de ella. Mag se queda mirando al infinito malhumorada.

Oscuro.

ESCENA 2

Mag está sentada a la mesa, mirándose en un espejo de mano. Se coloca el pelo un par de veces. La televisión está encendida, con un antiguo episodio de Los Sullivan.[26] *Llaman a la puerta y se sobresalta ligeramente.*

MAG. ¿Quién...? Maureen. Ajá. La puerta, Maureen. *(Se levanta y se acerca arrastrando los pies a la ventana de la cocina. Llaman otra vez. Se acerca arrastrando los pies a la puerta.)* ¿Quién es?

RAY. *(Fuera.)* Ray Dooley, señora. Su vecino.

MAG. ¿Dooley?

26 Una serie australiana sobre la vida de una familia de Melbourne durante la Segunda Guerra Mundial que tuvo un especial éxito en Reino Unido e Irlanda.

RAY. Ray Dooley, sí. Ya sabe quién soy.

MAG. ¿Eres uno de los Dooley?

RAY. Lo soy. Soy Ray.

MAG. Ajá.

RAY. *(Pausa. Molesto.)* ¿En fin, me va a dejar entrar o tengo que seguir hablándole a la puerta?

MAG. Está dándole de comer a las gallinas. *(Pausa.)* ¿Te fuiste?

RAY. *(Enfadado.)* ¡Abra la puñetera puerta, señora! ¿Pues no me he desviado un kilómetro solo para venir hasta aquí?

MAG. ¿Eso has hecho?

RAY. Eso he hecho. «¿Eso has hecho?», me dice. *(Mag le quita el pestillo a la puerta con cierta dificultad y entra Ray Dooley, un muchacho de unos diecinueve años.)* ¡Gracias! Pensé que me iba a tener esperando ahí una hora.

MAG. Ah, así que eres tú.

RAY. Y claro que soy yo. ¿Quién voy a ser?

MAG. Eres el Dooley que tiene un tío.

RAY. Como si no me hubiera visto un millón de veces los últimos veinte años. Sí, soy el Dooley que tiene un tío, y es un mensaje de mi tío lo que traigo. *(Ray se detiene un momento y se queda mirando la televisión.)*

MAG. Maureen está con las gallinas.

RAY. Ya me dijo que Maureen está con las gallinas. ¿Qué echan en la tele?

MAG. Estaba esperando que empezaran las noticias.

RAY. Pues va a tener que esperar mucho.

MAG. Me estaba peinando.

RAY. Me parece que son *Los Sullivan.*

MAG. No sé qué es eso.

RAY. Sí que tiene buena señal.

MAG. Regular, una señal regular.

RAY. Últimamente todo lo que echan es australiano.

MAG. Pues es lo que hay. *(Mag se sienta en la mecedora.)* Con las gallinas, Maureen está con las gallinas.

RAY. Ya van tres veces que me repite que Maureen está con las gallinas. ¿Trata de batir el récord mundial de decir «Maureen está con las gallinas»?

MAG. *(Pausa. Confundida.)* Les está dando de comer.

Ray la mira fijamente un momento, luego suspira y se asoma a la ventana de la cocina.

RAY. No pienso meterme bajo ese diluvio solo para decírselo. Bastante me ha diluviado ya subiendo el puñetero monte.

MAG. Es un monte bastante grande.

RAY. Es un monte enorme.

MAG. Empinado.

RAY. Y tanto que empinado. Y además lleno de barro.

MAG. De barro y de rocas.

RAY. Y tanto que lleno de barro y rocas. ¿Cómo hacen para subirlo todos los días?

MAG. Tenemos coche.

RAY. Ya. *(Pausa.)* Eso es lo que quiero yo, tener coche. Tendré que apuntarme a clases. Y comprarme uno. *(Pausa.)* No uno bueno, claro. Uno de segunda mano, ¿sabe?

MAG. Uno usado.

RAY. Uno usado, sí.

MAG. De otra persona.

RAY. El padre Welsh... Walsh... vende el suyo, pero no quiero comprarle un coche a un cura y parecer un mariquita.

MAG. No me cae bien el padre Walsh... Welsh... nada bien me cae.

RAY. Una vez le dio un pescozón a Mairtin Hanlon sin que viniera a cuento.

MAG. ¡Santo Cielo!

RAY. Ya. Aunque la verdad, no es propio del padre Welsh. El padre Welsh casi nunca recurre a la violencia, es un cura joven. Normalmente son solo los viejos los que se dedican a darte pescozones. No sé por qué. Supongo que los educaron así.

Mag. ¡En las noticias del miércoles salió un cura que había tenido un bebé con una yanqui!

Ray. Menuda noticia, pero si es el pan de cada día. Sería difícil encontrar un cura que no haya tenido un bebé con una yanqui.[27] Ahora, que si le diera un pescozón al bebé, eso sí que sería noticia. Ya lo creo. En fin. Sí. ¿Qué estaba diciendo? Ah sí, que entonces si le doy el mensaje a usted, señora, ¿se lo dará a Maureen, eh? ¿O se lo escribo?

Mag. Se lo daré.

Ray. Vale. Que mi hermano Pato dice que están invitadas a la despedida de nuestro tío. En el salón Riordan, en Carraroe.[28]

Mag. ¿Volvió entonces tu hermano?

Ray. Sí que volvió.

Mag. ¿De Inglaterra volvió?

Ray. Volvió de Inglaterra, sí. En Inglaterra estaba, así que de Inglaterra volvió. Nuestro tío americano se vuelve a Boston después de las vacaciones, con los dos patitos feos que tiene por hijas y esa Dolores comosellame, Healey o Hooley, así que celebran una pequeña fiesta de despedida en el Riordan, o una gran fiesta sabiendo lo que les gusta fardar a esos cabrones, y en todo caso habrá comida gratis, así que mi hermano dice que están ustedes invitadas, o Maureen, vaya, que ya sabe que a usted no le gusta mucho salir de casa. ¿No tiene la cadera mal?

Mag. No.

Ray. Ah, ¿entonces quién es la de la cadera?

Mag. No lo sé. Lo que yo tengo es infección de orina.

Ray. Igual era eso. Y muchas gracias por la información.

Mag. De orina.

Ray. Ya, ya, de orina.

Mag. Y la espalda pocha. Y la mano quemada.

27 La referencia, que el público de finales de los años noventa captaría al instante, es a Eamon Casey, obispo de Galway desde 1976 a 1992, cuando fue obligado a dimitir por el escándalo derivado de la revelación en la prensa de que había tenido una relación con una mujer americana y tenido un hijo a finales de los años setenta.
28 A unos 45 kilómetros de Leenane.

RAY. Sí, sí, sí. Lo que usted diga. Le dará el mensaje entonces.

MAG. ¿Eh?

RAY. Que si se acordará del mensaje. ¿Se acordará de dárselo?

MAG. Sí.

RAY. Repítamelo.

MAG. ¿Que te lo repita?

RAY. Sí.

MAG. *(Pausa larga.)* ¿Lo de mi cadera...?

RAY. *(Enfadado.)* ¡Tenía que haberlo escrito desde el puñetero principio, es que lo sabía! ¡Y no perder todo este puñetero tiempo! *(Ray coge un bolígrafo y un trozo de papel, se sienta a la mesa y escribe el mensaje.)* ¡Hablando con una loca!

MAG. *(Pausa.)* Hazme una tacina de té ya que estás aquí, Pato. Eh, Ray, quiero decir.

RAY. ¡Me llamo Ray! ¡Pato es mi puñetero hermano!

MAG. Es que se me olvida.

RAY. Es como hablar con... como hablar con una...

MAG. Con una pared.

RAY. Una pared, exactamente.

MAG. *(Pausa.)* O un poquín de sopa hazme, anda.

Ray termina de escribir y se levanta.

RAY. Listo. Qué sopa ni qué sopa. Este es el mensaje. Déselo cuando vuelva. El salón Riordan en Carraroe. Mañana a las siete de la tarde. Comida gratis. ¿Vale?

MAG. Muy bien, Ray. ¿Sigues en el coro, Ray?

RAY. No sigo en el coro. ¿Pues no hace ya diez años que no estoy en el coro?

MAG. Cómo pasa el tiempo.

RAY. Desde que me interesan las chicas no sigo en el coro porque no hay chicas en el coro, solo hay gordas, ¿y quién quiere una gorda? Yo no. No. Voy a la discoteca.

MAG. Bien por ti.

RAY. Dios sabe por qué sigo hablando con usted. Mensaje entregado. Me marcho.

MAG. Adiós, Ray.

RAY. Adiós, señora.

MAG. Y cierra la puerta.

RAY. Iba a cerrar la puerta igualmente... *(Ray cierra la puerta principal según sale. Desde fuera.)* ¡No hacía falta que me lo dijera!

Mientras se van apagando los pasos de Ray, Mag se levanta, lee el mensaje que está sobre la mesa, se acerca a la ventana de la cocina y se asoma, luego busca una caja de cerillas, vuelve a la mesa, enciende una cerilla, prende fuego al mensaje, va a la estufa con el mensaje en llamas y lo mete dentro. Sonido de pasos acercándose a la puerta principal. Mag arrastra los pies hasta su mecedora y se sienta en el mismo instante en que entra Maureen.

MAG. *(Nerviosa.)* ¿Hace frío, Maureen?

MAUREEN. ¿Que si hace frío? ¿A ti qué te parece?

MAG. Ajá.

Mag se queda mirando la televisión como si estuviera absorta. Maureen olfatea el aire un momento, luego se sienta a la mesa, mirando fijamente a Mag.

MAUREEN. ¿Qué estás viendo?

MAG. No sé qué estoy viendo. Solo estoy esperando que empiecen las noticias.

MAUREEN. Claro. *(Pausa.)* Y por supuesto nadie ha llamado mientras yo no estaba, claro.

MAG. Claro, Maureen. No ha llamado nadie.

MAUREEN. Claro.

MAG. No. ¿Quién iba a llamar?

MAUREEN. No, nadie, supongo. No. *(Pausa.)* Y tampoco vino nadie, claro.

MAG. Claro, Maureen. ¿Quién iba a venir?

MAUREEN. Supongo que nadie, claro.

Mag le lanza una mirada a Maureen durante un segundo, luego sigue viendo la televisión. Pausa. Maureen se levanta, se acerca lentamente a la televisión, la apaga con desgana con la punta del zapato, vuelve lentamente a la cocina, mirando a Mag según pasa, enciende el hervidor, y se apoya en la encimera, mirando hacia Mag.

MAG. *(Nerviosa.)* Ehm, solo pasó por aquí el pequeño Ray Dooley.

MAUREEN. *(Con tono de que ya lo sabía.)* Ah, ¿entonces sí que pasó Ray Dooley, eh?

MAG. Pasó, sí, y dijo hola según pasaba.

MAUREEN. Pensé que habías dicho que no había venido nadie.

MAG. No vino nadie, no, aparte de Ray Dooley, que pasaba por aquí.

MAUREEN. No, claro, claro. Y asomó la cabeza solo para decir hola.

MAG. Solo para decir hola y cómo va todo. Sí. Es buen muchacho.

MAUREEN. Sí que lo es. *(Pausa.)* ¿Ninguna novedad?

MAG. Ninguna novedad. ¿Qué novedades iba a traer un rapaz?

MAUREEN. Ninguna, ninguna, supongo. Claro que no.

MAG. Claro que no. *(Pausa.)* Me parece que dijo que andaba pensando en comprarse un coche.

MAUREEN. ¿Ah, sí?

MAG. Uno de segunda mano.

MAUREEN. ¿Ajá?

MAG. Para conducirlo, ¿sabes?

MAUREEN. Para conducirlo, claro.

MAG. Al padre Welsh... Walsh... Welsh.

MAUREEN. Welsh.

MAG. Welsh.

Maureen apaga el hervidor, vierte un sobre de Complan en la taza y la llena de agua.

MAUREEN. Te haré un poco de Complan.

MAG. ¿No me he tomado ya el Complan hoy, Maureen?

MAUREEN. Otro no te va a venir mal.

MAG. *(Recelosa.)* Supongo que no.

Maureen termina de llenar la taza con agua del grifo para enfriar la mezcla, la remueve solo dos veces para que no se deshagan los burujos, saca la cuchara, le da la taza a Mag, luego se apoya en la mesa para mirarla mientras bebe. Mag mira la taza con asco.

MAG. Tiene un poquín de burujos, Maureen.

MAUREEN. No te preocupes de los burujos, mamá. Los burujos son buenos. Lo mejor del Complan son los burujos. Bébetelo.

MAG. ¿Una cucharina no tendrás?

MAUREEN. No, no tengo ninguna cucharina. En esta casa no hay cucharinas para las mentirosas. Ni una. Que te lo bebas.

Mag le da un pequeñísimo sorbo.

MAUREEN. ¡Todo, venga!

MAG. Tengo la tripa así así, Maureen, no me cabe.

MAUREEN. Que te lo bebas, ¿me oyes? ¡Bien que te cabía cuando escupías tus mentiras sobre que Ray Dooley no había traído ningún mensaje! ¿Pues no me lo encontré en la carretera según volvía? Tú y tus mentiras. Te vas a beber el Complan entero ahora, con sus burujos y todo, y lo que no te bebas te lo pienso tirar por la cabeza, ¡y sabes perfectamente que lo digo en serio!

Mag lentamente se bebe el resto del preparado.

MAUREEN. ¡Tiene cojones la cosa! Otra vez metiéndote en mi vida, ¿te parece normal? ¡Como si no bastara tener que estar a tu disposición todos los días desde hace veinte años! ¿Es que tanto te fastidia que pase una sola noche fuera?

MAG. ¡Las muchachas no deberían salir con fulanos...!

MAUREEN. ¡Las muchachas! ¡Que tengo cuarenta años, por amor de Dios! ¡Acábatelo!

Mag vuelve a beber.

MAUREEN. ¡«Las muchachas»! Esta sí que es buena. ¿Y cómo se lograron casar Annette o Margo si no salían por ahí?

MAG. No lo sé.

MAUREEN. ¡Bebe!

MAG. No me gusta, Maureen.

MAUREEN. ¿Te gusta más que te lo eche por la cabeza?

Mag vuelve a beber.

MAUREEN. Se dice bien, ¿eh? «Las muchachas no deberían salir». Lo que me faltaba por oír. ¿Qué he hecho yo, aparte de darme unos besos con dos hombres en cuarenta años?

MAG. ¡Dos hombres son un montón!

MAUREEN. ¡Acábatelo!

MAG. ¡Me lo he acabado!

Mag le da la taza. Maureen la lava.

MAG. ¡Dos hombres son dos más de lo que es decente!

MAUREEN. En tu caso a lo mejor. En tu caso. No en el mío.

MAG. ¡Dos más de lo que es decente!

MAUREEN. ¿Tú te crees que me gusta estar aquí encerrada contigo? ¿Eh? Como una vieja y reseca...

MAG. ¡Puta!

Maureen se ríe.

MAUREEN. ¿«Puta»? ¿Te crees tú que no me *gustaría*? *(Pausa.)* A veces sueño...

MAG. ¿Con ser una...?

MAUREEN. ¡Con cualquier cosa! *(Pausa. En voz baja.)* Con cualquier cosa. Algo que no sea esto.

MAG. ¡Pues menudo sueño raro!

Maureen. No lo es, no, para nada. Para nada es un sueño raro. *(Pausa.)* Y no es el único sueño raro que tengo. ¿Quieres oír otro?

Mag. No quiero.

Maureen. A veces sueño contigo, vestida toda elegante y de blanco, ahí metidita en tu ataúd, y yo toda de negro, mirándote, y un tipo junto a mí, consolándome, oliendo a loción de afeitar, rodeándome la cintura con el brazo. Y el tipo me pregunta si quiero tomarme algo con él luego en su casa.

Mag. ¿Y qué le dices?

Maureen. Le digo: «Sí, ¿ahora qué me lo impide?».

Mag. ¡No!

Maureen. ¡Sí!

Mag. ¿En mi propio funeral?

Maureen. ¡Incluso antes, en tu puñetero velatorio, por supuesto!

Mag. ¡Pues no es un sueño bonito!

Maureen. Ya sé que no, y no es un *sueño*-sueño. Es más algo que sueño cuando estoy despierta. Ya sabes, algo alegre que pienso mientras limpio la mierda de las gallinas.

Mag. No es para nada un sueño bonito. Es un sueño de mala persona.

Maureen. Pues será lo que sea, pero es lo que sueño. *(Pausa. Se sienta a la mesa con un paquete de galletas Kimberley.)*[29] Supongo que no te vas a morir nunca. Seguirás aguantando eternamente, solo para fastidiarme.

Mag. ¡Claro que seguiré aguantando eternamente!

Maureen. ¡No, si ya!

Mag. Setenta años tendrás en mi velatorio, y entonces ¿cuántos hombres va a haber cogiditos de tu cintura con su loción de afeitar?

Maureen. Ninguno. Ni uno solo, me imagino.

Mag. ¡Ni uno solo, tú lo has dicho!

Maureen. No, claro. *(Pausa.)* ¿Quieres una Kimberley?

29 Unas galletas populares en Irlanda, muy baratas y de peculiar sabor y textura, tal y como señalan los personajes a lo largo de la obra: «son las galletas más horribles del mundo», según Pato Dooley más adelante. Alguien ha definido su gusto como «más bien a cartón mohoso relleno de silicona para sellar baños».

Mag. *(Pausa.)* ¿No nos quedan colines?[30]

Maureen. No, te comiste todos los colines. Como una cerda.

Mag. Entonces me comeré una Kimberley, aunque no me gustan las Kimberleys. No sé por qué compras Kimberleys, la verdad. Las Kimberleys son horribles.

Maureen. Mi mundo no gira en torno a qué galletas te gustan o no te gustan.

Maureen le da a una galleta a Mag. Mag se la come.

Mag. *(Pausa.)* ¿Entonces mañana vas a ir a esta fiesta?

Maureen. Sí que voy a ir. *(Pausa.)* Y además estará bien volver a ver a Pato. Ni siquiera sabía que estaba en casa.

Mag. Pero estarán todos esos puñeteros yanquis mañana.

Maureen. ¿Y?

Mag. Dijiste ayer que no los soportabas, a los yanquis. El meollo del asunto, dijiste ayer que era.

Maureen. Pues supongo, madre, que tendré que cambiar de opinión. ¿Es que no es esa la prerrogativa de las mujeres?

Mag. *(En voz baja.)* Solo es una prerrogativa cuando te conviene.

Maureen. No uses palabras que no entiendes, mamá.

Mag. *(Ríe con sorna. Pausa.)* Esta invitación también era para mí, por si no lo sabes.

Maureen. *(Con un amago de risa.)* Ah, ¿que te crees que vas a venir conmigo?

Mag. Me imagino que no.

Maureen. Imaginas bien. Mientes más que la hija de un chatarrero.[31]

Mag. Solo lo mencionaba.

30 En el original, *shortbread fingers*, unas populares galletas rectangulares de mantequilla. Para facilitar el chiste de la página 73 he optado por traducirlo por «colines».

31 En el original, *tinker* (hojalatero o chatarrero), un término despectivo para denominar a los también conocidos como «Irish travellers»: una comunidad nómada socialmente discriminada (con ninguna relación con el pueblo romaní) que se denomina a sí misma «an Lucht Siúil» (el pueblo caminante), de orígenes inciertos y que cuenta con su propio idioma y costumbres

MAUREEN. Pues no lo menciones. *(Pausa.)* Nos podíamos acercar con el coche hasta Westport más tarde, si no llueve.

MAG. *(Alegre.)* ¿Vamos a coger el coche?

MAUREEN. Podríamos coger el coche, un ratito.

MAG. Podríamos ahora. Hace mucho que no cogemos el coche. Podríamos ir a comprar colines.

MAUREEN. Más tarde, te he dicho.

MAG. Más tarde. No ahora mismo.

MAUREEN. No ahora mismo. Que te acabas de tomar el Complan.

Mag le lanza una mirada asesina. Pausa.

MAUREEN. A Westport. Claro que sí. Y creo que me compraré un vestido bonito ya que voy. Para lo de mañana, ¿sabes?

Maureen mira a Mag, que, molesta, le devuelve la mirada.

Oscuro.

ESCENA 3

De noche. El escenario solo está iluminado por las brasas naranjas tras las rejas de la estufa. La radio está encendida, a bajo volumen, en la cocina. Se oyen las voces de Maureen y Pato fuera, ambos un poco borrachos.

PATO. *(Fuera, cantando.)* «The Cadillac stood by the house...».[32]

MAUREEN. *(Fuera.)* Shhh, Pato...

PATO. *(Fuera. Cantando en voz baja.)* «And the Yanks they were within». *(Hablando.)* ¿Qué es lo que siempre andaba diciendo el fulano ese?

MAUREEN. *(Fuera.)* ¿Qué fulano?

Maureen abre la puerta y los dos entran a la vez y encienden las luces. Maureen lleva un vestido negro nuevo, bastante corto. Pato es un hombre atractivo de aproximadamente su misma edad.

32 La canción es «The body of an American» (1985), del grupo irlandés The Pogues. Como tantas otras referencias a lo largo de la trilogía —y especialmente en *La reina de la belleza de Leenane*— tiene que ver con la emigración irlandesa, en este caso a Estados Unidos.

PATO. El fulano que solía perseguir al comosellame. Bugs Bunny.

MAUREEN. ¿Te apetece un té, Pato?

PATO. Me apetece.

Maureen enciende el hervidor.

MAUREEN. Pero baja la voz, anda.

PATO. *(En voz baja.)* Claro, claro. *(Pausa.)* No me acuerdo de lo que decía. El fulano que solía perseguir a Bugs Bunny. Algo decía.

MAUREEN. Fíjate. Encima se ha dejado la radio puesta, la vieja puñetera.

PATO. En fin, ¿qué más da...? No, déjala puesta, anda. Tapará los ruidos.

MAUREEN. ¿Qué ruidos?

PATO. Los ruidos de los besos.

La atrae delicadamente hacia sí y se besan un largo rato, luego se detienen y se miran el uno al otro. El agua está hirviendo. Maureen se aparta suavemente, sonriendo, y prepara el té.

MAUREEN. ¿Quieres una galleta con el té?

PATO. Vale. ¿Qué galletas tienes?

MAUREEN. Ehm, solo hay Kimberleys.

PATO. Pues déjalo entonces, Maureen. Odio las Kimberleys. De hecho creo que las Kimberleys son las galletas más horribles del mundo.

MAUREEN. Yo igual, las odio. Solo las compro para torturar a mi madre.

PATO. No entiendo por qué los de Kimberley las siguen haciendo. Coleman Connor se comió un paquete entero de Kimberleys una vez y estuvo malo una semana. *(Pausa.)* ¿O fueron Mikados?[33] Era alguna de esas galletas horribles.

MAUREEN. ¿Es verdad que Coleman le cortó las orejas al perro de Valene y que las guarda en una bolsa en su cuarto?

PATO. Un día me las enseñó.

MAUREEN. Qué maldad, cortarle las orejas a un perro.

PATO. Sí que lo es.

33 Las Mikado son, como las Kimberley, unas galletas irlandesas baratas.

MAUREEN. Ya está mal cortarle las orejas a cualquier perro, pero al perro de tu propio hermano...

PATO. Y parecía un buen perro.

MAUREEN. Ya. *(Pausa.)* La verdad que sí.

Pausa incómoda. Pato la abraza por detrás.

PATO. Estás hecha para abrazarte.

MAUREEN. ¿Ah sí?

PATO. Para darte un buen achuchón.

Maureen continúa preparando el té mientras Pato la abraza. Un poco avergonzado e incómodo, se aparta después de un segundo y se queda a unos pocos pasos de distancia.

MAUREEN. Siéntate, anda, Pato.

PATO. A sus órdenes. *(Se sienta a la mesa.)* Yo siempre hago lo que me mandan.

MAUREEN. ¿Ah, sí? ¿Estás seguro? Es la primera vez esta noche que te veo hacerlo. Tienes las manos un poco largas.

PATO. Es que no controlo mis manos. Tienen vida propia. *(Pausa.)* Aunque no me pareció que te quejaras mucho de mis manos largas. ¡Ni mucho ni poco!

MAUREEN. Me podía haber quejado antes cuando no las separabas de esa yanqui.

PATO. Es que no te había visto, Maureen. ¿Cómo iba a saber yo que iba a acudir la reina de la belleza de Leenane?

MAUREEN. «La reina de la belleza de Leenane». Anda y que te zurzan.

PATO. ¡Es verdad!

MAUREEN. ¿Y entonces por qué no nos hemos cruzado más de dos palabras en veinte años?

PATO. Pues es que me ha costado reunir el valor.

MAUREEN. *(Sonriendo.)* ¡Anda y que te den!

Pato sonríe. Maureen trae el té y se sienta.

PATO. No lo sé, Maureen. No lo sé.

MAUREEN. ¿No sabes el qué?

PATO. Por qué nunca me atreví a hablar contigo o a pedirte salir o algo así. No lo sé. Claro que estar yendo y viniendo cada dos meses a ese puto sitio no ha ayudado.

MAUREEN. ¿Inglaterra? Ya. ¿No te gusta entonces?

PATO. *(Pausa.)* Es por el dinero. *(Pausa.)* El martes tengo que volver.

MAUREEN. ¿El martes? ¿Este martes?

PATO. Este martes. *(Pausa.)* Solo vine a despedirme de los yanquis. A decir hola y adiós. Nada más.

MAUREEN. Bueno, así es Irlanda. Siempre hay alguien que se marcha.

PATO. Siempre es así.

MAUREEN. Así de mal.

PATO. ¿Qué le vamos a hacer?

MAUREEN. ¿Y si te quedas?

PATO. *(Pausa.)* Pues no te creas que no me lo planteo. ¿Si consiguiera un buen trabajo en Leenane, me quedaría? Ya sé que aquí es imposible conseguir un buen trabajo, pero digo hipotéticamente. O incluso un mal trabajo. Cualquier trabajo. Y cuando estoy en Londres, partiéndome el lomo bajo la lluvia, que soy poco menos que ganado, y los jóvenes se la pasan insultándose y jugando a las cartas, borrachos como cubas, con las pensiones de mala muerte que hay allí, con los colchones meados y nada que hacer aparte de ver pasar las horas... Cuando estoy allí, querría estar aquí, obviamente. ¿Quién no? Pero cuando estoy aquí... no es allí donde quiero estar, claro que no. Pero sé que tampoco es aquí donde quiero estar.

MAUREEN. ¿Y por qué, Pato?

PATO. No sé decirte por qué. *(Pausa.)* Esto es precioso, claro, hasta el más tonto se daría cuenta. Las montañas y el verde, y el hablar con la gente. Pero cuando todo el mundo se sabe al dedillo la vida de los demás... No sé. *(Pausa.)* Es imposible darle una patada a una vaca en Leenane sin que algún desgraciado te guarde rencor veinte años.

MAUREEN. Muy cierto.

PATO. Lo es. En Inglaterra les da igual si estás vivo o muerto, y tiene gracia, pero no es algo malo del todo. Bueno, a veces sí que lo es... En fin, no sé.

MAUREEN. *(Pausa.)* ¿Crees que alguna vez te quedarás en algún sitio, Pato? Cuando te cases, me imagino.

PATO. *(Medio riéndose.)* Si me caso...

MAUREEN. Me apuesto que te casarás algún día. ¿No quieres?

PATO. No puedo decir que sea algo a lo que le dé muchas vueltas.

MAUREEN. No, claro, con la lista de mujeres que llevas no te hace falta.

PATO. *(Sonriendo.)* No llevo ninguna lista de mujeres.

MAUREEN. Una o dos habrá, digo yo.

PATO. Una o dos, igual. A las que les digo hola.

MAUREEN. Hola, claro... Serás capullo.

PATO. Es verdad. *(Pausa.)* En serio, no soy un...

MAUREEN. *(Pausa)* ¿No eres un qué?

Pausa. Pato se encoge de hombros y sacude la cabeza, un tanto triste. Pausa. La canción «The Spinning Wheel», en la voz de Delia Murphy, suena en la radio.[34]

MAUREEN. A mi madre le encanta esta canción. Delia Murphy, la madre que la parió.

PATO. Es una canción un poco siniestra.

MAUREEN. La verdad es que sí que es un poco siniestra.

PATO. Es que tiene una voz siniestra. De pequeño siempre me daba miedo. Es como un fantasma cantando. *(Pausa.)* ¿Se muere la abuela al final o qué? ¿O solo duerme?

MAUREEN. Yo creo que solo duerme.

PATO. Ya...

MAUREEN. *(Pausa.)* Mientras los dos se pasean de la mano por el campo.

PATO. Ya.

34 Delia Murphy (1902-1971), cantante folclórica irlandesa. La letra de la canción «The Spinning Wheel» rima especialmente con la acción de la obra, pues trata de una muchacha que vive en un pueblo de Irlanda y que trata de engañar a su abuela ciega para escaparse con su amante.

MAUREEN. A la luz de la luna.

PATO. *(Asintiendo.)* Ya no se escriben canciones como esta. Gracias a Dios. *(Maureen se ríe. Más alegre.)* ¿No ha sido una noche estupenda, Maureen?

MAUREEN. Sí que lo ha sido.

PATO. ¿Los despedimos a lo grande o no los despedimos a lo grande?

MAUREEN. La verdad que sí, sí.

PATO. Acabaron llorando todos.

MAUREEN. Y tanto.

PATO. ¿Eh?

MAUREEN. Que y tanto.

PATO. Sí. La verdad que sí. La verdad que sí.

MAUREEN. *(Pausa.)* ¿Quién era entonces la chica de la que no apartabas las manos?

PATO. *(Riéndose.)* Ay, la Virgen, ¿todavía sigues con lo de que no le apartaba las manos? Si ni la toqué casi.

MAUREEN. ¡Ja-ja!

PATO. Una prima segunda de mi tío, creo. Dolores algo. Healey o Hooley. Healey. También vive en Boston.

MAUREEN. Si es tu prima segunda era ilegal.

PATO. Ilegal mis cojones. Y no es *mi* prima segunda, en todo caso, ¿que además por qué iba a ser ilegal? Las tetas de una prima segunda no están prohibidas, ¿no?

MAUREEN. ¡Y claro que lo están!

PATO. Pues no estoy seguro. Tendré que consultarlo con mi abogado. La próxima vez igual me arrestan. De todos modos tengo algo que alegar en mi defensa. Tenía unas pocas migas de Taytos[35] sobre la blusa, yo solo se las estaba quitando.

MAUREEN. ¡Qué migas de Taytos ni qué migas de Taytos, Pato Dooley!

PATO. ¡Es verdad! *(Pausa de tensión sexual. Nervioso.)* Solo fue algo así...

Pato lentamente alarga la mano y suavemente roza, luego manosea poco a poco los pechos de Maureen. Ella le acaricia la mano mientras lo

35 Una marca irlandesa de patatas fritas, popular por su bajo precio.

hace, luego se levanta despacio y se sienta en su regazo, acariciándole la cabeza mientras él continúa tocándola.

MAUREEN. Era más guapa que yo.

PATO. Tú eres guapa.

MAUREEN. Ella era más guapa.

PATO. A mí me gustas tú.

MAUREEN. Tienes los ojos azules.

PATO. Sí que los tengo.

MAUREEN. Quédate conmigo esta noche.

PATO. No sé si es buena idea, Maureen.

MAUREEN. Quédate. Solo esta noche.

PATO. *(Pausa.)* ¿Está dormida tu madre?

MAUREEN. Me da igual si está dormida o no. *(Pausa.)* Más abajo.

Pato empieza a bajar las manos por su cuerpo.

MAUREEN. Más abajo... abajo...

Sus manos llegan a su entrepierna. Maureen echa para atrás la cabeza ligeramente. La canción en la radio acaba. Oscuro.

ESCENA 4

Por la mañana. El vestido negro de Maureen está sobre la mesa. Mag entra desde el pasillo con un orinal, que vacía en el fregadero. Sale por el pasillo para devolver el orinal a su sitio y vuelve al rato, limpiándose las manos en el camisón. Repara en el vestido negro y lo recoge con desdén.

MAG. ¿Cuarenta libras por este vestidito? Es un vestido pequeñísimo. ¿Y para dejarlo por ahí tirado? *(Arroja el vestido a un rincón, regresa a la cocina y enciende el hervidor, hablando en voz alta para despertar a Maureen.)* Y supongo que también tendré que prepararme yo sola el Complan, a las horas a las que volverías anoche a rastras con tu puñetero vestido, que a saber qué horas eran. *(En voz baja.)* Es un vestido ridículo. *(En voz alta.)* ¡Para eso mejor ir por ahí sin vestido y ser una cerda del todo! *(En voz baja.)* Toda la noche roncando como una bestia, además. Que una anciana tenga que prepararse el Complan ella sola, y para colmo las gachas... Pues no pienso prepararme las gachas, ya te lo digo yo. Que me da miedo. No me verás preparándome las gachas. Ah, no. Eso no me lo vas a ver hacer.

Pato entra desde el pasillo, con los pantalones puestos y abotonándose la camisa.

PATO. Buenos días, señora.

Mag se sobresalta y se queda mirando fijamente a Pato, desconcertada.

MAG. Buenos días.

PATO. ¿Quería unas gachas?

MAG. Eso quería.

PATO. Pues yo le preparo las gachas, si le parece.

MAG. Ajá.

PATO. Usted siéntese.

Mag se sienta en la mecedora, sin quitarle ojo a Pato mientras prepara las gachas.

PATO. Anda que no le he preparado veces las gachas a mi hermano por las mañanas antes de ir al colegio. Estoy acostumbrado. *(Pausa. Coge una cuchara del fregadero.)* ¿Al final no se pudo acercar ayer a la fiesta de los yanquis?

MAG. No pude, no.

PATO. Por culpa de la cadera, dijo Maureen.

MAG. *(Todavía estupefacta.)* Sí, mi cadera pocha. *(Pausa.)* ¿Dónde está Maureen?

PATO. Ehhh, se ha quedado remoloneando unos minutos. *(Pausa.)* La verdad es que yo pretendía... Quería escaparme antes de que se levantara usted, pero Maureen dijo: «¿Es que no somos adultos? ¿Qué hay de malo?». Supongo que lo somos, pero... No sé. Sigue siendo un poco raro y todo eso. ¿Sabe a lo que me refiero? No sé.

(Pausa.) Los yanquis ya estarán aterrizando en Boston. Si Dios quiere. En fin. *(Pausa.)* Una buena despedida les dimos. Sí que fue una buena despedida. Vamos que si lo fue. *(Pausa.)* Acabaron llorando todos. *(Pausa.)* Todos. *(Pausa.)* ¿Era una taza de Complan además lo que quería?

MAG. Sí.

Pato le prepara el Complan y se lo lleva.

PATO. Le gusta el Complan, ¿eh?

MAG. No me gusta nada.

PATO. ¿No le gusta?

MAG. Me obliga beberlo aunque no me guste. A la fuerza.

PATO. Pero a su edad le viene bien el Complan.

MAG. Supongo que sí, que me viene bien.

PATO. Pues claro. ¿Es el de sabor a pollo?

MAG. No sé de qué sabor es.

PATO. *(Mirando la caja.)* Sí, es el de sabor a pollo. Es el mejor sabor.

Sigue preparando las gachas.

MAG. *(En voz baja.)* Con bien de burujos que lo preparas. Como si importara el sabor. Y sin cuchara.

Pato le da a Mag sus gachas y se sienta a la mesa.

PATO. Aquí tiene. *(Pausa.)* ¿Qué le ha pasado en la mano, señora? La tiene en carne viva.

MAG. ¿Mi mano?

PATO. ¿Se la quemó?

MAG. Se me quemó.

PATO. Tiene que tener cuidado con las quemaduras a su edad.

MAG. ¿Cuidado, eh? Ajá...

Maureen entra desde el pasillo, solamente en sujetador y bragas, y se acerca a Pato.

MAUREEN. ¿Cuidado con qué? ¿Tuvimos cuidado, verdad, Pato?

Maureen se sienta en el regazo de Pato.

PATO. *(Avergonzado.)* Maureen, anda...

MAUREEN. Bastante cuidado, porque no queremos bebés, ¿verdad? Ya tenemos suficientes bebés en esta casa.

Maureen le da un largo beso. Mag los mira con asco.

PATO. Maureen, anda...

MAUREEN. Solo te estoy dando las gracias por una noche maravillosa, Pato. Ha merecido la pena esperar. Ha merecido *mucho* la pena.

PATO. *(Avergonzado.)* Valeeee...

MAG. ¡Estábamos hablando de mi mano quemada antes de que te pasearas por aquí medio desnuda!

MAUREEN. Mira tú lo que me importa tu mano quemada. *(A Pato.)* Tendrás que meterme pronto esa cosita tuya otra vez, Pato. Ahora que le he cogido gustito...

PATO. Maureen...

Lo besa, se levanta, y mira fijamente a Mag según va hacia la cocina.

MAUREEN. Bien de gustito le he cogido. Ajá...

Pato se levanta y anda por el cuarto avergonzado.

PATO. Eeehm, de todos modos me tengo que ir enseguida. Tengo que hacer las maletas y esas cosas...

MAG. *(Señalando a Maureen. Gritando.)* ¡Ella es la que me quemó la mano! ¡No me lo pienso callar! ¡Y encima se va sentando por ahí sobre cualquier fulano! ¡Me la puso sobre el fogón! ¡Me echó aceite de la sartén! ¡Y le dijo al médico que había sido yo!

MAUREEN. *(Pausa. Desconcertada, a Pato.)* Tómate un té antes de que te vayas, Pato, anda.

PATO. *(Pausa.)* Igual uno rápido.

Maureen sirve el té. Mag mira alternativamente a uno y a otro.

MAG. ¿No oíste lo que he dicho?

MAUREEN. ¿Tú te crees que Pato escucha los refunfuños de una vieja chocha?

MAG. ¿Vieja chocha, eh? *(Levanta la mano izquierda.)* ¿Es que no tengo pruebas?

MAUREEN. Ven aquí un segundo, Pato. Quiero que huelas el fregadero.

MAG. ¡El fregadero no viene a cuento!

MAUREEN. Ven aquí, Pato, anda.

PATO. ¿Eh? *(Se acerca a la cocina.)*

MAUREEN. A ver qué hueles.

Pato se inclina sobre el fregadero, lo huele, luego se aparta con cara de asco.

MAG. ¡No viene a cuento ahora el fregadero!

MAUREEN. ¿Con que no viene a cuento, eh? Viene del todo a cuento, me parece a mí. Sirva como prueba de la reputación de quien me acusa.

PATO. ¿Qué son? ¿Las cañerías?

MAUREEN. No, no son las cañerías. Nada que ver con las cañerías. Pues no se dedica a vaciar aquí el pis del orinal cada mañana aunque le he dicho setecientas veces que use el retrete. Pero, ah, no.

MAG. ¡Estábamos hablando de mi mano quemada, no de pis!

MAUREEN. Y ni siquiera lo lava luego. ¿A ti te parece higiénico? Y tiene infección de orina, encima, menos higiénico todavía. Ahí lavo las patatas. Aquí tienes tu té, Pato.

Pato coge el té y le da un sorbito con aprensión.

MAG. ¡Ponte encima algo de ropa, que vas por la casa medio desnuda! ¿A ti te parece normal?

MAUREEN. Pues resulta que es que me gusta ir por la casa medio desnuda. Me excita, la verdad que me excita.

MAG. Ya me imagino, ya.

MAUREEN. Me excita.

MAG. Y te recuerda a Difford Hall en Inglaterra, además, seguro que sí...

MAUREEN. *(Enfadada.)* Cierra tu puñetera...

MAG. Allí tampoco te dejaban ponerte tu ropa, ¿a que no?

MAUREEN. ¡Que cierres tu bocaza, te he dicho...!

MAG. Solo vestidos largos y camisas de fuerza...

Maureen se dirige hacia Mag apretando los puños. Pato la agarra por el brazo y se interpone entre ambas.

PATO. Pero ¿se puede saber que os pasa a vosotras dos...?

MAG. ¡Difford Hall! ¡Difford Hall! ¡Difford Hall!

MAUREEN. Difford Hall, ajá. Y supongo...

MAG. ¡Difford Hall! ¡Difford Hall...!

MAUREEN. ¿Y supongo que lo del orinal fueron solo imaginaciones mías?

MAG. ¡Déjate de orinales! ¡Déjate de orinales! ¿Quieres saber lo que es Difford Hall, señorito?

MAUREEN. ¡Que te calles ya!

MAG. ¡Es un loquero! ¡Un puñetero loquero en Inglaterra de donde tuve que sacarla y prometer que la cuidaría! ¿Quieres ver los papeles? *(Se dirige al pasillo arrastrando los pies.)* Como prueba. O para demostrar que no soy una vieja chocha, ¿que quién es aquí la chiflada? ¡Ja! Echándome en cara lo del orinal, anda que...

Pausa larga. Maureen se dirige despacio hacia la mesa y se sienta. Pato vierte su té en el fregadero, aclara la taza y se lava las manos.

MAUREEN. *(En voz baja.)* Es verdad que estuve en un sanatorio un tiempo, después de una crisis nerviosa que tuve. Ya ves. Hace años.

PATO. ¿Qué tiene de malo una crisis nerviosa? Un montón de gente las tiene.

MAUREEN. Un montón de chalados, ya.

PATO. No, ¿qué chalados? Muchas personas cultas tienen también sus crisis. De hecho, si eres culto es más probable. El pobre Spike

Milligan,[36] ¿no anda siempre con sus crisis? Si está siempre igual. Yo mismo tengo problemas de nervios de vez en cuando, y no me importa admitirlo. No hay de qué avergonzarse. Solo significa que le das vueltas a las cosas, y que te las tomas a pecho.

MAUREEN. ¿No hay de qué avergonzarse? ¿Por estar un mes en un loquero? No, qué va.

PATO. No hay vergüenza en darle vueltas a las cosas y en preocuparse por ellas, ¿no me oyes? Y loquero es una palabra ridícula y lo sabes perfectamente, Maureen.

MAUREEN. Ya lo sé.

Pato se acerca y se sienta a la mesa frente a ella.

MAUREEN. Estaba en Inglaterra cuando pasó. Trabajando de limpiadora. Tenía veinticinco años. Era la primera vez que salía de casa. La primera y la única. Mi hermana acababa de casarse y mi otra hermana estaba a punto. Me dedicaba a limpiar oficinas en Leeds. Cagaderos. Éramos un montón, pero las demás eran todas inglesas. «Retrasada irlanducha de mierda... Con esa cara de culo de gorrina que tienes». Era la primera vez que salía de Connemara. «Vuélvete a ese chiquero de mierda o al agujero de mala muerte del que has salido». La mitad de los insultos ni siquiera los entendía. Una negra me los traducía. Era de Trinidad. También se metían con ella, pero simplemente se reía. Tenía una cara enorme, con una sonrisa enorme. Y me enseñaba fotos de Trinidad, y yo le decía: «¿Por qué narices te fuiste de allí?». «¿Para venir a un sitio como este a limpiar mierda?». Y un día le enseñé un calendario con una foto de Connemara y me dijo: «¿Por qué narices te has ido tú de allí?». «¿Para venir a un sitio como este...?». *(Pausa.)* Pero luego se mudó a Londres, su marido estaba muriéndose. Y entonces la tomaron solo conmigo.

PATO. *(Pausa.)* Pero eso ya es agua pasada, Maureen.

Pausa. Maureen le mira durante un rato.

MAUREEN. ¿Te estás preguntando si sigo estando chiflada?

36 Spike Milligan (1918-2002), actor, comediante y escritor nacido en la India y nacionalizado irlandés, padecía trastorno bipolar y sufría frecuentes depresiones por las que era hospitalizado.

PATO. No, para nada, anda...

MAUREEN. ¿Ah, no?

Se levanta y vuelve lentamente a la cocina.

PATO. No, para nada. Solo digo que ya hace mucho que pasó. Y no es nada de lo que avergonzarse. Olvídalo.

MAUREEN. Olvidarlo, claro, con la mirada de esa siempre encima, como si yo fuera una especie de... una especie de... *(Pausa.)* Y no, no le quemé la mano, por muy chalada que estuviera. Intentaba freírse unas patatas ella sola. Discutimos, y la dejé sola una hora, y decidió que le apetecían unas patatas. Se le volcaría la sartén. Dios sabe cómo, la muy tarada. Me la encontré ahí en el suelo. Lo que pasa es que por culpa de Difford Hall se cree que puede acusarme de lo que sea y que yo no me voy a dar cuenta. Que no seré capaz de ver la diferencia, lo que es verdad y lo que no. Pues mira, soy capaz de ver la diferencia. La muy bruja. Muy capaz.

PATO. No tienes que dejar que te afecte, Maureen.

MAUREEN. ¿Y cómo hago, Pato? Es capaz de volver loco a cualquiera, si no estaba loco ya desde el principio.

PATO. *(Sonriendo.)* Sí que es capaz, me imagino.

MAUREEN. *(Sonriendo.)* Sí que lo es. ¡Me sorprendo a mí misma de lo cuerda que he salido!

Ambos sonríen. Pausa.

PATO. Voy a tener que irme en nada, Maureen.

MAUREEN. Vale, Pato. ¿Te acabaste el té?

PATO. No. La conversación sobre el orinal de tu madre me ha quitado las ganas.

MAUREEN. Normal. Y a quién no. ¿No tengo yo que aguantarla? *(Triste.)* ¿No tengo yo que aguantarla? *(Mirándole fijamente.)* Me temo que no me queda más remedio.

PATO. *(Pausa.)* Vístete, anda, Maureen. Te vas a congelar con el fuego apagado.

Pausa. Maureen vuelve a estar triste. Se mira a sí misma.

MAUREEN. *(En voz baja.)* ¿«Vístete, anda»? Ahora te parezco fea, ¿ves? «Vístete, anda...».

PATO. No, Maureen, por el frío, ¿me entiendes? No puedes ir por ahí... Es que te vas a congelar.

MAUREEN. No te parecía fea anoche, o quizás sí.

PATO. No, Maureen. ¿Qué...?

MAUREEN. Una reina de la belleza pensabas que era anoche, o eso dijiste. Y ahora es «Tápate», «Me das asco»...

PATO. *(Acercándose.)* Maureen, no, anda, pero ¿por qué dices eso?

MAUREEN. Quizás fuera por eso.

PATO. *(Se detiene.)* ¿Por eso el qué?

MAUREEN. Lárgate, te doy asco.

PATO. No me das asco.

MAUREEN. *(Al borde de las lágrimas.)* Que te largues, ¿me oyes?

PATO. *(Acercándose otra vez.)* Maureen...

Entra Mag, agitando los papeles, interrumpiendo el acercamiento de Pato.

MAG. ¿Eh? Aquí están los papeles, Difford Hall, ¿qué vieja chocha ni qué vieja chocha? ¿A quién le apetece leerlos, eh? ¿Eh? ¡Aquí están las pruebas, para que se te ocurra echarme el fregadero en cara! *(Pausa.)* ¿Eh?

PATO. Maureen...

MAUREEN. *(Serena. Amablemente.)* Es mejor que te marches, Pato.

PATO. *(Pausa.)* Te escribiré desde Inglaterra. *(Pausa. Serio.)* ¡Mírame! *(Pausa. En voz baja.)* Te escribiré desde Inglaterra.

Se pone la chaqueta, se gira para mirar a Maureen una última vez y sale, cerrando la puerta detrás de él. Ruido de pasos alejándose. Pausa.

MAG. Ese no te va a escribir. *(Pausa.)* ¡Y tienes el puñetero vestido en ese rincón sucio, que te lo tiré ahí!

Pausa. Maureen la mira un momento, triste, desconsolada, pero no enfadada.

MAUREEN. ¿Por qué? ¿Por qué? ¿Por qué tenías que...? *(Pausa. Va donde está tirado el vestido, se agacha y lo recoge, apretándolo contra el pecho. Se queda un momento así, luego se levanta y pasa junto a su madre.)* ¿Tú te has visto? *(Sale por el pasillo.)*

MAG. ¿Te has visto tú? Que a ti... a ti... *(Maureen cierra la puerta del pasillo al salir.)* ... ¿a ti te parece normal? *(Sigue con los papeles en la mano un poco tontamente. Pausa. Deja los papeles, se rasca, repara en las gachas y mete un dedo en ellas. En voz baja.)* Las gachas se me han quedado frías. *(Gritando.)* ¡Las gachas se me han quedado frías!

Se queda con la mirada perdida. Oscuro.

Intermedio.

Acto segundo

Escena 5

La mayor parte del escenario está a oscuras, salvo un foco sobre Pato, sentado a la mesa como si estuviera en su cuarto de la pensión en Inglaterra, recitando la carta que le ha escrito a Maureen.

PATO. Querida Maureen, soy Pato Dooley y te escribo desde Londres, y te pido perdón por haber tardado tanto en escribirte, pero para ser honesto no sabía si querías que lo hiciera o no, así que he decidido probar y ver qué pasa. Hay muchas cosas que quiero decirte, pero no se me da bien escribir cartas, así que probaré y las diré si es que soy capaz. En fin, Maureen, por aquí no hay muchas novedades, aparte de que a un tipo de Wexford en la obra ayer le cayeron encima un montón de ladrillos desde el andamio y tuvieron que darle cuarenta puntos en la cabeza y tiene suerte de seguir vivo, era un fulano algo mayor, de cincuenta y tantos, en fin, pero aparte de eso no hay mucha novedad. Salgo a tomar una pinta los sábados o los viernes, pero ni conozco ni hablo con nadie. No hay nadie con quien hablar. El capataz a veces asoma la jeta por allí. No sé si lo he escrito bien, *capataz*, ¿es con *z* o con *d*? No es una palabra que me enseñaran en el colegio. En fin, Maureen, estoy «yéndome por las ramas», como se dice, porque es de ti y de mí de lo que quiero hablar, si es que sigue habiendo algo como «tú y yo», que no sé cómo está la cosa. A mí me pareció que nos habíamos caído de maravilla, en la despedida de los yanquis y luego cuando hablamos y fuimos a tu casa. Y de verdad que pensaba que eras una reina de la belleza y de verdad que lo pienso, y no tuvo nada que ver con eso ni contigo, creo que tú creíste que sí. Lo único que pasó es algo que ya me ha pasado un par de veces cuando he bebido y no tuvo nada que ver con lo que yo quería. Habría sido un honor ser el primero, y sería un halago, y lo que quiero decir es que fue un honor entonces y sigue siéndolo ahora, y solo porque no pudo ser esa noche, no quiere decir que no pueda ser alguna vez. No entiendo por qué no iba a serlo, y no entiendo por qué te enfadaste tanto si fuiste tan amable cuando pasó. Creo que pensaste que te miraba de otra manera cuando mencionaste lo de la crisis nerviosa, cuando no te miraba para nada de otra manera, o lo que dije, «Vístete, anda, hace frío», que pareciste pensar que no quería verte en sujetador y bragas, cuando nada hay más lejos de la verdad, porque a decir verdad te querría ver en sujetador y bragas todos los días hasta que las ranas críen pelo. Nunca me cansaría de verte en sujetador y bragas, y algún día, si Dios quiere, te veré en sujetador y bragas otra vez. Lo que me lleva a lo otro que quería decirte, a no ser que no me hayas perdonado aún, en cuyo caso haríamos mejor en olvidarnos de todo el asunto y despedirnos como amigos, pero si me has perdonado me lleva a lo otro que quería decirte y que fue que antes te mentí cuando te dije que no había novedades porque sí que hay novedades. La novedad es que he seguido en contacto con mi tío de Boston y el accidente del tipo de Wexford y los ladrillos ha sido la gota que ha colmado el vaso. Tienes suerte de salir vivo tal y como están las obras en Inglaterra, por no hablar del poco dinero y el «Puto irlandés esto y lo otro», y he seguido en contacto con mi tío de Boston y me ha ofrecido allí un trabajo, y voy a aceptarlo. Mañana estaré de vuelta en Leenane y me quedaré dos semanas para recoger mis cosas y supongo que me harán una despedida, y lo que quiero decirte es: ¿quieres venir conmigo? No enseguida, claro, ya lo sé, porque tendrás cosas que organizar, pero sí dentro de un mes o dos, aunque quizás no me hayas perdonado y solo esté haciendo el tonto. En fin, si no me has perdonado supongo que es mejor que no nos veamos estos días y si no sé nada de ti lo entenderé, pero, si me has perdonado, ¿qué te retiene en Irlanda? Tus hermanas pueden cuidar de tu madre, ¿por qué has tenido que cargar tú con todo estos años, no tienes derecho a una vida? Y, si dicen que no, ¿no hay un asilo en Oughterard que no es que sea ideal, pero en el que cuidan bien de ellos, a mi madre por ejemplo antes de que falleciera, y no tienen un bingo y además, para qué quiere tu madre ese monte enorme? Para nada. *(Pausa.)* En fin, Maureen, te dejo decidir a ti. Arriba tienes mi dirección y el número del teléfono del vestíbulo, lo único que déjalo que suene un rato si llamas, y necesitarás marcar el prefijo y sería fantástico saber de ti. Si no sé nada de ti, lo entenderé. Cuídate mucho, Maureen.

Y aquella noche que compartimos, incluso si nada sucedió, me pongo contento todavía solo con pensar en ella, allí contigo, e incluso si nunca vuelvo a saber de ti nunca más siempre tendré un recuerdo alegre de aquella noche, y eso es todo lo que quería decirte. Piénsalo. Saludos, Pato Dooley.

El foco se apaga, pero, mientras el escenario está a oscuras, Pato continúa con una carta a su hermano.

Querido Raymond, ¿qué tal andas? Te envío unas cuantas cartas que no quiero que fisgonee nadie. ¿Las entregarás de mi parte? Y no las leas, aunque ya sé que no lo harás. La de Mick Dowd puedes esperar hasta que salga del hospital. Cuéntame cómo está o si arrestaron a la chica que le dio la paliza. La de la pobre Girleen puedes dársela cuando la veas, es solo para decirle que deje de enamorarse de los curas. Pero la de Maureen Folan quiero que se la lleves en cuanto recibas esto y se la des en mano. Esto es importante, dásela en mano. No hay más novedad. Te daré más detalles de lo de América cuando se acerque la fecha. Y sí, la verdad es que es genial. Suerte, Raymond, y postdata: acuérdate, dásela en mano a Maureen. Adiós.

Escena 6

Por la tarde. Ray está junto a la estufa encendida, mirando la televisión, un tanto absorto, golpeándose de vez en cuando contra la rodilla un sobre cerrado. Mag mira alternativamente a Ray y a la carta desde la mecedora. Larga pausa antes de que hable Ray.

Ray. *(Riéndose.)* Ese Wayne es un cabroncete.

Mag. ¿Lo es?

Ray. Lo es. Es que no para.

Mag. Ajá.

Ray. *(Pausa.)* ¿Ve a Patricia, la del pelo así? Patricia es bastante mala, pero Wayne es lo peor. *(Pausa.)* Me gusta *Hijos e hijas,*[37] la verdad que sí.

37 *Sons and Daughters,* una telenovela australiana de los ochenta sobre dos familias, los acaudalados Hamilton y los modestos Palmer. Patricia y Wayne son dos de los personajes recurrentes.

MAG. ¿Te gusta?

RAY. No hacen más que matarse unos a otros y salen un montón de chicas en bañador. Es una serie de la hostia.

MAG. Solo estoy esperando a que empiecen las noticias.

RAY. *(Pausa.)* Pues va a tener que esperar mucho. *(El programa acaba. Se estira.)* Pues nada, se acabó.

MAG. ¿No empiezan ahora las noticias? Ah, no.

RAY. No, ¿qué dice? Ahora empieza la puñetera *Una consulta en el campo.*[38] ¿No es jueves?

MAG. Pues apágala, si no van a poner las noticias. Es lo único que estaba esperando.

Ray apaga la televisión y anda por el cuarto.

RAY. Hasta las seis en punto no empiezan las noticias. *(Echa un vistazo a su reloj. Bastante molesto.)* Joder, joder, joder, joder, joder, joder, joder, joder. *(Pausa.)* Dijo que a esta hora ya estaría en casa, ¿no?

MAG. Sí que lo dije. *(Pausa.)* A lo mejor se ha quedado hablando con alguien, aunque no se queda hablando con nadie normalmente. No es muy sociable.

RAY. No, si ya sé que no es muy sociable. *(Pausa.)* Si me lo pregunta, le diré que esa mujer está pirada. ¿Pues no se quedó la pelota de tenis que se nos escapó a Mairtin Hanlon y a mí y que acabó en el campo de ustedes y se negó a devolvérnosla por mucho que se lo suplicamos y de eso hace diez años ya y todavía no se me ha olvidado?

MAG. Sin comentarios, como se suele decir.

RAY. ¡Ni me he olvidado ni pienso hacerlo nunca!

MAG. Pero ¿no fue que tú y Mairtin estabais tirándole la pelota de tenis a nuestras gallinas y os cargasteis a una y por eso estaba la pelota en nuestro campo...?

RAY. ¡Estábamos jugando a las palas, señora!

MAG. Ajá.

38 *A Country Practice,* una telenovela australiana popular en la televisión británica durante los años noventa.

RAY. No le tirábamos a nada. Palas. A las palas jugábamos. Y nunca volvimos a poder jugar. Durante el resto de nuestra adolescencia. ¿Para qué quieres unas palas si no tienes una pelota?

MAG. Para nada.

RAY. Para nada, exacto. Para nada en absoluto. *(Pausa.)* ¡Menuda zorra!

MAG. *(Pausa.)* Vete y déjame a mí la carta, Ray, que yo me aseguraré de dársela. No hace falta que te quedes esperando por una muchacha que te fastidió el juego de las palas.

Ray se lo piensa, tentado, pero a regañadientes decide que no.

RAY. Tengo instrucciones estrictas, señora.

MAG. *(En voz muy alta.)* Pues entonces hazme un té.

RAY. No le voy a hacer un té. Solo estoy aquí por obligación. No pienso encima hacerle de chacha.

MAG. *(Pausa.)* O échale otro poquino de turba al fuego. Tengo frío.

RAY. ¿Qué acabo de decir?

MAG. Anda, venga, Ray. Eres un buen chico, que Dios te bendiga.

Suspirando, Ray deja la carta —a la que Mag no quita ojo— sobre la mesa y usa el pesado atizador negro junto a la estufa para coger un poco de turba y meterla dentro, atizando el fuego luego.

RAY. Y palas aparte, me la encontré la semana pasada en la carretera y le dije hola, ¿y qué hizo ella? Me ignoró del todo. Ni levantó la vista.

MAG. ¿Eso hizo?

RAY. Y pensé decirle... lo que pensé decirle es: «Que la den por saco, señora», pero no se lo dije, solo pensé en decírselo, pero ahora que lo pienso debería haberme atrevido y decírselo, ¡y que le dieran, la muy zorra!

MAG. Bien merecido se lo tendría, porque mira que ignorarte en la carretera, con lo buen rapaz que eres, Ray, que me has encendido el fuego. Es que últimamente anda de un humor de perros.

RAY. Lleva una ropa horrible. Lo opina todo el mundo. *(Al acabar con la estufa, con el atizador todavía en la mano, Ray repara en el paño en la pared.)* «Más te vale entrar al Cielo media hora antes de que el diablo sepa que estás muerto».

MAG. Ya ves.

RAY. *(Poniendo una voz graciosa.)* «Más te vale entrar al Cielo media hora antes de que el diablo sepa que estás muerto».

MAG. *(Riéndose cohibida.)* Ya ves.

Ray camina por el cuarto, blandiendo el atizador.

RAY. Está de la hostia el atizador este.

MAG. ¿Ah, sí?

RAY. De buena calidad, bien pesado.

MAG. Pesado y largo.

RAY. De buena calidad, bien pesado y largo. Podrías cargarte a media docena de polis con este atizador y no darte ni cuenta, y sin hacerle ni un rasguño, y luego podrías volver a sacudirles solo por la gracia de verlos desangrarse. *(Pausa.)* ¿Me lo vende?

MAG. No. ¿Para que les aporrees a los polis?

RAY. Cinco libras.

MAG. Nos hace falta para el fuego.

Ray chasquea la lengua y devuelve a su sitio el atizador.

RAY. Qué manera de desaprovechar un atizador.

Se pasea por la cocina. Con la mirada fija en la carta, Mag se levanta lentamente de su asiento.

RAY. Que conste que podría conseguir una docena de atizadores en la ciudad igual de buenos si quisiera, y a mitad de precio.

En el mismo momento en que Mag empieza a acercarse a la carta, Ray se vuelve, sin prestarle atención, pasa a su lado y coge la carta. Mag hace una mueca y se vuelve a sentar. Ray abre la puerta principal, se asoma para ver si viene Maureen, luego la vuelve a cerrar con un suspiro.

Ray. Una tarde entera tirada a la basura. *(Pausa.)* Cuando podía estar en casa viendo la tele. *(Se sienta a la mesa.)*

Mag. Nunca se sabe, igual se hace de noche antes de que vuelva.

Ray. *(Enfadado.)* ¡Cuando llegué dijo que seguro que volvía a las tres!

Mag. Sí, normalmente es a las tres. *(Pausa.)* Pero a veces es a la noche. Algunas veces, vaya. *(Pausa.)* A veces muy de noche. *(Pausa.)* A veces de madrugada. *(Pausa.)* Una vez se hizo de día antes de que...

Ray. *(Interrumpiéndola.)* ¡Que sí, que vale! ¡Mire que me lío a mamporros!

Mag. *(Pausa.)* Yo nada más te lo digo.

Ray. ¡Pues deje de decir! *(Suspira. Larga pausa.)* Esta casa huele a pis, sí que huele a pis esta casa.

Mag. *(Pausa. Avergonzada.)* Es que se nos cuelan los gatos.

Ray. ¿Los gatos?

Mag. Se nos cuelan. *(Pausa.)* Van al fregadero.

Ray. *(Pausa.)* ¿Para qué van al fregadero?

Mag. A hacer pis.

Ray. ¿A hacer pis? ¿Los gatos van al fregadero a hacer pis? *(Con todo de mofa.)* Pues así da gusto, qué gatos tan educados. Qué raza de gatos tan considerados tienen por aquí.

Mag. *(Pausa.)* No sé de qué raza son.

Pausa. Ray deja caer la cabeza sobre la mesa dando un golpe, y lentamente y rítmicamente empieza a golpear la mesa con el puño.

Ray. *(Monótonamente.)* No quiero estar aquí, no quiero estar aquí, no quiero estar aquí, no quiero estar aquí...

Levanta la cabeza, mira la carta y empieza a girarla sobre la mesa, sintiendo cómo le va venciendo la tentación.

Mag. *(Pausa.)* Hazme un té, anda, Ray. *(Pausa.)* O una taza de Complan, mejor. *(Pausa.)* Y dale bien de vueltas para deshacer los burujos.

Ray. Si tuviera que deshacerme de algo no empezaría por los burujos del Complan. Por algo mucho más a mano iba a empezar. Rediós.

Vaya que sí, mucho más a mano. Algo bien grande sentado en una puñetera mecedora. ¡Ya se lo digo yo!

MAG. *(Pausa.)* O una sopa de sobre.

Ray aprieta los dientes y empieza a resoplar profundamente sin dejar de apretarlos, casi al borde de las lágrimas.

RAY. *(Dándose por vencido, triste.)* Pato, Pato, Pato. *(Pausa.)* ¿Qué cojones habrás escrito? *(Pausa. Con seriedad.)* Si le dejara esta carta a usted, señora, ¿se la daría directamente a quien tiene que dársela, verdad?

MAG. Verdad. Directamente a Maureen se la daré.

RAY. *(Pausa.)* ¿Y no va a abrirla, verdad?

MAG. Verdad. Una carta es una cosa privada. Si no tiene mi nombre, ¿por qué iba a ser asunto mío?

RAY. ¿Y que Dios la fulmine aquí mismo si la abre?

MAG. Y que Dios me fulmine aquí mismo si la abro, aunque no hará falta que se moleste porque no pienso abrirla.

RAY. *(Pausa.)* Se la dejo entonces.

Se pone de pie, coloca la carta apoyándola contra un salero, se lo piensa otra vez durante un segundo, mira a Mag, vuelve a mirar la carta, se lo piensa una vez más, luego agita una mano con un gesto de cansada resignación, y decide dejarla.

RAY. Nos vemos, pues, señora.

MAG. Nos vemos, Pato. Ray, Ray, quiero decir.

Ray le dedica una mueca y sale por la puerta principal, pero la deja entornada, como si estuviera aún esperando fuera. Mag coloca las manos sobre los reposabrazos de la mecedora, a punto de levantarse, luego recela al darse cuenta de que no ha oído alejarse los pasos de Ray. Deja las manos sobre el regazo y se recuesta con calma. La puerta principal se abre de golpe y Ray asoma la cabeza para mirarla. Ella le sonríe inocentemente.

RAY. Así me gusta.

Vuelve a salir, cerrando la puerta del todo esta vez. Mag presta atención a sus pasos a medida que se alejan, luego se levanta, coge el sobre y lo abre, vuelve a la estufa y abre la tapa, de modo que las llamas son visibles, y se queda allí leyendo la carta. Deja caer la primera página a las llamas al acabarla, luego empieza a leer la segunda. Lentamente, oscuro.

Escena 7

De noche. Mag en su mecedora, Maureen a la mesa, leyendo. La radio está a volumen bajo, sintonizada en un programa de peticiones musicales. La señal es muy pobre, va y viene y hay interferencias. Pausa antes de que Mag hable.

Mag. Qué desastre de señal.

Maureen. ¿Qué quieres que le haga si la señal es mala?

Mag. *(Pausa.)* No hay más que interferencias. *(Pausa.)* Casi ni se oyen las canciones. *(Pausa.)* Casi no se oyen las dedicatorias o de dónde las envían.

Maureen. Yo las oigo perfectamente.

Mag. ¿Ah, sí?

Maureen. *(Pausa.)* Igual es que te estás quedando sorda.

Mag. No me estoy quedando sorda. ¿Qué me voy a estar quedando sorda?

Maureen. En un asilo para sordos te voy a meter. *(Pausa.)* Y no te van a dar bacalao en mantequilla precisamente. Ni mucho menos. Judías con pan o algo así, y nada más. Si tienes suerte. Y si no te las comes, te pegarán un buen puntapié, o igual un sopapo.

Mag. *(Pausa.)* Antes me muero que dejarme meter en un asilo.

Maureen. Dios te oiga.

Mag. *(Pausa.)* Estaba muy rico ese bacalao en mantequilla, Maureen.

Maureen. Ya me imagino.

Mag. Sabroso.

Maureen. Lo único que hago es poner a cocer la bolsa y cortarla con una tijera. No hace falta que me hagas cumplidos.

MAG. *(Pausa.)* Últimamente me tratas fatal todo el rato.

MAUREEN. Uy, sí, fatal te trato. *(Pausa.)* ¿No te compré un paquete de ositos de gominola la semana pasada, tan fatal que te trato?

MAG. *(Pausa.)* Y todo por ese Pato Dooley, me imagino. *(Pausa.)* Porque no te ha invitado a su fiesta de despedida esta noche.

MAUREEN. Pato Dooley tiene todo el derecho a hacer lo que quiera con su vida.

MAG. Ese hombre andaba buscando solo una cosa.

MAUREEN. Quizás. O quizás era yo la que andaba buscando solo una cosa. Hoy en día hay algo que se llama igualdad. No es como en tus tiempos.

MAG. Mis tiempos no tenían nada de malo.

MAUREEN. Hoy nos podemos poner por encima de un hombre. No hace falta más que pedirlo. Y es muy agradable, ponerse encima, además.

MAG. ¿Es agradable, Maureen?

MAUREEN. *(Desconcertada porque Mag no se ofenda.)* Lo es.

MAG. Suena bien. Pues me alegro por ti.

Maureen, todavía desconcertada, saca unos colines del armario de la cocina y se come un par.

MAG. ¿Y no te preocupa quedarte preñada, Maureen?

MAUREEN. No me preocupa, no. Tuvimos cuidado.

MAG. ¿Tuvisteis cuidado?

MAUREEN. Lo tuvimos. Fuimos cariñosos y cuidadosos. Fuimos *apasionados* y cuidadosos, para tu información.

MAG. Seguro que sí, seguro que fuisteis apasionados y cuidadosos, sí. Claro que sí. Apasionados y cuidadosos, seguro que sí.

MAUREEN. *(Pausa.)* ¿No te habrá dado otra vez por oler las velas de parafina?

MAG. *(Pausa.)* Siempre estás echándome en cara lo de las velas de parafina.

MAUREEN. Es que estás de un humor peculiar, la verdad.

MAG. ¿De un humor peculiar, eh? No. Solo de un humor normal.

MAUREEN. Peculiar. *(Pausa.)* Y sí, pasamos un rato estupendo, Pato y yo. Ahora me doy cuenta de a qué tanto alboroto, pero, ah, un hombre tiene que tener otras cosas además de ser bueno en la cama. Hay que tener cosas en común, ya sabes, como los libros que lees, o la política y esas cosas, así que tuve que decirle que no podía ser, por muy bueno que fuera en la cama.

MAG. ¿Cuándo dices que se lo dijiste?

MAUREEN. Hace mucho se lo dije. Cuando...

MAG. *(Interrumpiéndola.)* Y supongo que le disgustó.

MAUREEN. Le disgustó, pero le convencí de que era lo mejor y le pareció bien.

MAG. Seguro que sí.

MAUREEN. *(Pausa.)* Pero es por eso que no me pareció justo ir a su despedida a decirle adiós. Pensé que le resultaría incómodo.

MAG. Le resultaría incómodo, claro, me imagino. Claro que sí. *(Pausa.)* ¿Así que entonces el único problema es que no teníais suficientes cosas en común?

MAUREEN. El único. Y nos separamos en buenos términos, y sin rencores por parte de ninguno de los dos. *(Pausa.)* Sin rencor ninguno. Conseguí lo que quería de Pato Dooley esa noche, y para él fue suficiente, y para mí también.

MAG. Claro, entiendo. No lo dudo. Fue suficiente para los dos. Claro que sí.

Sonríe y asiente.

MAUREEN. *(Riéndose.)* Esta noche estás de un humor rarísimo. *(Pausa.)* Me apuesto a que es porque te alegras de que Pato se marche esta noche y no vuelva a venir por aquí a manosearme.

MAG. Será eso entonces. Que me alegro de que Pato se marche.

MAUREEN. *(Sonriendo.)* Una metomentodo es lo que eres. *(Pausa.)* ¿Quieres un colín?

MAG. Sí que quiero un colín.

MAUREEN. Por favor.

MAG. Por favor.

Maureen le da a Mag un colín, tras blandirlo fálicamente en el aire un segundo.

MAUREEN. Me recuerdan a algo, los colines estos.

MAG. Ya supongo, ya.

MAUREEN. Supongo que hace tanto que no ves eso a lo que me recuerdan, que te has olvidado de cómo son.

MAG. Supongo. Y supongo que tú eres la experta.

MAUREEN. Soy la experta.

MAG. Claro que sí.

MAUREEN. Soy la más experta de las expertas.

MAG. Ya supongo. Vamos, que no lo dudo. Seguro que eres la más experta de las expertas.

MAUREEN. *(Pausa. Suspicaz.)* ¿Por qué ibas a dudarlo?

MAG. Con tanto Pato Dooley y tanto pavonearte en mis narices, cuando... *(Se calla antes de que se le escape nada más.)*

MAUREEN. *(Pausa. Sonriendo.)* ¿Cuando qué?

MAG. No pienso decir nada más sobre el tema. Sin comentarios, como se suele decir. Está rico este colín.

MAUREEN. *(Un tono amenazante.)* ¿Cuando qué, eh?

MAG. *(Empezando a asustarse.)* Cuando nada, Maureen.

MAUREEN. *(Con firmeza.)* No, que cuando qué. *(Pausa.)* ¿Has hablado con alguien?

MAG. ¿Con quién iba a hablar, Maureen?

MAUREEN. *(Tratando de entenderlo.)* Has hablado con alguien. Has...

MAG. Con nadie, no he hablado con nadie, Maureen. Ya sabes que no hablo con nadie. Y además, ¿a quién le iba a contar Pato lo de...?

De repente se da cuenta de lo que ha dicho. Maureen la observa a la vez atónita y llena de odio, luego se dirige a la cocina, como atontada, pone sobre el fogón una sartén, pone el fuego al máximo y vierte en la sartén media botella de aceite. Coge los guantes de goma que cuelgan de la pared y se los pone. Mag agarra los reposabrazos de la mecedora para incorporarse, pero Maureen la empuja colocándole un pie en el estómago y la entrepierna. Mag se recuesta en la mecedora, asustada, sin dejar de mirar a Maureen, que se sienta a la mesa, esperando a que hierva el aceite. Habla en voz baja, sin apartar la vista.

MAUREEN. ¿Cómo lo sabes?

MAG. No sé nada, Maureen.

MAUREEN. ¿Ajá?

MAG. *(Pausa.)* ¿O a lo mejor Ray mencionó algo? No, claro, sí, creo que fue Ray...

MAUREEN. Pato jamás le habría dicho nada a Ray sobre el tema.

MAG. *(Llorosa.)* Solo para que dejaras de pavonearte en mis narices te lo dije, Maureen. ¿Qué va a saber una anciana como yo? Solo era una suposición.

MAUREEN. Suposiciones mis cojones, que bien que lo sabes, ni que se me viera en la cara. Por segunda y última vez te lo pregunto. ¿Cómo lo sabes?

MAG. Se te ve en la cara, Maureen, que sí. ¿Cómo lo voy a saber si no? Sigues teniendo ese aire de virgen que siempre has tenido. *(Sin malicia.)* Siempre lo tendrás.

Pausa. El aceite ha empezado a hervir. Maureen se levanta, sube el volumen de la radio, mira a Mag al pasar junto a ella, coge la sartén y apaga el gas, y se dirige hacia Mag con ella en la mano.

MAG. *(Aterrorizada.)* ¡Leí una carta que te mandó!

Maureen, lenta y deliberadamente, agarra la mano arrugada de su madre, la coloca sobre el fogón encendido y empieza a verter el aceite caliente sobre ella, mientras Mag grita de dolor y terror.

MAUREEN. ¿Dónde está la carta?

MAG. *(Entre gritos.)* ¡La quemé! ¡Lo siento, Maureen!

MAUREEN. ¿Qué decía la carta?

Mag grita tanto que no puede responder. Maureen deja de verter aceite y le suelta la mano, que Mag encoge contra el cuerpo, encogida de dolor, todavía gritando, llorando y gimoteando.

MAUREEN. ¿Qué decía la carta?

MAG. ¡Decía que había bebido mucho! Por eso fue, no fue tu culpa.

MAUREEN. ¿Y qué más decía?

MAG. ¡No pienso dejar que me meta en un asilo!

MAUREEN. ¿De qué estás hablando? ¿Qué asilo? ¿Qué más decía?

MAG. Ahora no me acuerdo, Maureen. ¡No me...!

Maureen agarra la mano de Mag, la vuelve a poner sobre el fogón y repite la tortura.

MAG. ¡No...!

MAUREEN. ¡¿Qué más decía?! ¡¿Eh?!

MAG. *(Entre gritos.)* ¡Te pedía que te fueras a América con él, eso decía!

Estupefacta, Maureen suelta la mano de Mag y deja de verter el aceite. Mag vuelve a encoger la mano contra su cuerpo, gimoteando.

MAUREEN. ¿Qué?

MAG. Pero ¿cómo te vas a ir con él? Todavía tienes que cuidar de mí.

MAUREEN. *(Aturdida de felicidad.)* ¿Me pedía que me fuera con él a América? ¿Pato me pedía que me fuera con él a América?

MAG. *(Alzando la mirada.)* Pero ¿y yo qué, Maureen?

Una breve pausa antes de que Maureen, con un solo gesto, casi con desgana, lance el considerable resto de aceite al vientre de Mag, parte del cual le salpica la cara. Mag se encoge de dolor, gritando, cae al suelo, tratando de quitarse el aceite de encima, y se queda ahí retorciéndose, gritando y gimoteando. Maureen la esquiva según cae, todavía aturdida, apenas reparando en ella.

MAUREEN. *(Ensimismada, para sí.)* ¿Me pedía que me fuera a América con él...? *(Volviendo en sí.)* ¿Qué hora es ya? ¡Ay, mierda, estará a punto de marcharse! Tengo que ir a verlo. Ay, Dios... ¿Qué me pongo? Ah... ¡El vestido negro! ¡Mi vestidito negro! Le recordará a...

Sale corriendo hacia el pasillo.

MAG. *(En voz baja, sollozando.)* Maureen... Ayúdame...

Maureen regresa poco después, poniéndose el vestido.

MAUREEN. *(Para sí.)* ¿Qué tal estoy? En fin, da lo mismo. ¿Qué hora es? Ay, Dios...

MAG. Ayúdame, Maureen...

MAUREEN. *(Mientras se peina.)* ¿Que te ayude, eh? ¿Después de lo que has hecho? Ayúdame, dice. No, no te pienso ayudar. Y te diré otra cosa. Si por tu culpa no logro ver a Pato antes de que se marche, entonces sí que te la vas a cargar, y esta vez en serio. Y ahora quítate del puto medio...

Pasa por encima de Mag, que sigue temblando en el suelo, y sale por la puerta principal. Pausa. Mag sigue arrastrándose a duras penas. La puerta principal se abre de golpe y Mag mira desde el suelo a Maureen según esta entra a toda velocidad.

MAUREEN. Me olvidé las llaves del coche...

Coge las llaves de la mesa, se dirige a la puerta, vuelve a la mesa y apaga la radio.

Hay que ahorrar electricidad.

Vuelve a salir, dando un portazo. Pausa. Se oye un coche arrancando y alejándose. Pausa.

MAG. *(En voz baja.)* Pero ¿entonces quién va a cuidar de mí?

Todavía temblando, se mira la mano quemada. Oscuro.

ESCENA 8

Misma noche. La única luz en el cuarto proviene de las brasas a través de la reja de la estufa que iluminan apenas las formas oscuras de Mag, sentada en su mecedora, que oscila adelante y atrás, aunque su cuerpo no se mueve, y de Maureen, que sigue con el vestido negro puesto y se pasea por la habitación con el atizador en la mano.

MAUREEN. A Boston. Voy a irme a Boston. ¿No era de allí de donde eran los Kennedy? ¿O eran de otro sitio? Me gustaba más Robert Kennedy que Jack Kennedy. Parecía portarse mejor con las mujeres. Aunque no he leído mucho sobre el tema. *(Pausa.)* Boston. Suena bien. Mejor que Inglaterra será, eso seguro. ¿Qué sitio no sería mejor que Inglaterra? No tendré que limpiar mierda, por lo menos, ni me llamarán cosas, y Pato estará allí para defenderme si me llaman cosas, pero estoy segura de que no hará falta. Los yanquis adoran a los irlandeses. *(Pausa.)* Casi me lo suplicó, Pato. Casi de rodillas que estaba, a punto de llorar. En la estación lo alcancé, con apenas cinco minutos de sobra, gracias a ti. Gracias a tu puñetera intromisión. Pero ahora es demasiado tarde para tus intromisiones. Ya te lo digo yo. Demasiado tarde, aunque no te faltó empeño, eso te lo concedo. Cinco minutos más y te habrías salido con la tuya. Pobre. Pobre egoísta, la madre que te parió. *(Pausa.)* Me comió a besos la cara, eso hizo, en cuanto me vio. Con esos ojos azules. Y esos músculos. Rodeándome con sus brazos. «¿Por qué no contestaste mi carta?». Y estaba dispuesto a venir a darte un buen puntapié cuando se lo conté, pero «Ah, no», le dije, «no es más que una idiota de mierda, no merece la pena que te ensucies las botas». Te defendí, ya ves. *(Pausa.)* «Vendrás a Boston conmigo, amor mío, cuando consigas el dinero». «Lo haré, Pato. Que nos casemos o vivamos en pecado me da lo mismo. ¿Qué más me da a mí que chismorreen? Han chismorreado sobre mí antes, que vuelvan a hacerlo. Por mí que no dejen de chismorrear, mientras esté contigo, Pato, ¿qué más me dan sus chismorreos? Mientras estemos juntos tú y yo, calientes y acurrucados, y rozándonos la piel mientras dormimos. Al fin y al cabo nunca he querido otra cosa». *(Pausa.)* «Lo único es que aún tenemos un problema, ¿qué hacemos con tu madre?», dijo. «¿Será un asilo de ancianos demasiado cruel?». «No será demasiado cruel, pero será demasiado caro». «¿Y tus hermanas, entonces?». «Mis hermanas se niegan a cuidar de la muy zorra. Ni en Navidad la aguantan medio día. Se olvidaron completamente de su cumpleaños este año, además. "¿Cómo la aguantas sin perder la chaveta?", me dicen. A sus espaldas, claro». *(Pausa.)* «Lo dejo en tus mano», dijo Pato. Estaba ya en el tren, y nos besábamos a través de la ventana, como en las películas. «Lo dejo en tus manos, decidas lo que decidas. Si hace falta un mes, que sea un mes. Y si al final decides que no puedes soportar separarte de ella y tienes que quedarte, bueno, no puedo decir que me vaya a gustar, pero lo entenderé. Pero incluso si necesitas un año para decidirte, te esperaré un año, y no me importará esperarte». «No tendrás que esperarme un año, Pato», le grité, el tren ya arrancaba. «Ni un año ni un mes. ¡Ni siquiera una semana!».

La mecedora ha dejado de moverse. Mag empieza a inclinarse lentamente hacia delante, doblándose por la cintura, hasta que al final se derrumba y cae de golpe al suelo, muerta. Un trozo rojo de cráneo le cuelga de una tira de piel a un lado de la cabeza. Maureen la mira, con cierta indolencia, le da un golpecito en el costado con la punta del zapato, y luego se sube sobre su espalda y se queda ahí absorta y pensativa.

MAUREEN. Se tropezó al subir la cerca. Eso. Y se cayó rodando monte abajo. Sí. Eso. *(Pausa.)* Eso pasó.

Pausa. Oscuro.

ESCENA 9

Una tarde de lluvia. Se abre la puerta principal y Maureen entra vestida de luto, se quita la chaqueta y pasea lentamente por el cuarto, con la cabeza en otra parte. Enciende el fuego de la estufa, pone la radio a bajo volumen y se sienta en la mecedora. Tras un momento se ríe entre dientes, recoge las cajas de Complan y de gachas de la repisa de la cocina, se dirige a la estufa y vacía los contenidos de ambas sobre las llamas. Sale por el pasillo y vuelve al rato con una maleta vieja que deja sobre la mesa, quitándole con la mano una espesa capa de polvo. La abre, piensa durante un momento lo que necesita meter, luego vuelve al pasillo. Llaman a la puerta. Maureen vuelve, piensa durante un momento, quita la maleta de la mesa y la coloca a un lado, se arregla el pelo un poco y luego abre la puerta.

MAUREEN. Ah, hola, Ray.

RAY. *(Fuera.)* Hola, hola, señora...

MAUREEN. Anda, entra.

RAY. La vi venir por la carretera.

Entra, cerrando la puerta. Maureen va lentamente hacia la cocina y se prepara un té.

RAY. Me extrañó que volviera tan pronto. ¿No quería ir a la recepción o al comosellame que celebran en el pub de Rory?

MAUREEN. No. Tengo mejores cosas que hacer.

RAY. Claro, claro. ¿Han ido sus hermanas?

MAUREEN. Han ido, sí.

RAY. Me lo imaginaba. Se pasarán luego por aquí, ¿no?

MAUREEN. Se irán directamente a casa, creo que dijeron.

RAY. Ya, claro. La verdad es que tienen un viaje puñeteramente largo por delante. Bastante largo, vaya. *(Pausa.)* ¿Salió todo bien entonces?

MAUREEN. Salió bien, sí.

RAY. A pesar de la lluvia.

MAUREEN. A pesar de la lluvia.

RAY. Menudo tiempo de perros para un funeral.

MAUREEN. La verdad que sí. Cuando podíamos haberla enterrado el mes pasado, con los últimos días de sol, si no hubiera sido por las cien mil investigaciones de las narices, como si hubieran servido de algo.

RAY. Pero estará contenta de que todo haya acabado.

MAUREEN. Muy contenta, sí.

RAY. Me imagino que solo hacen su trabajo. *(Pausa.)* Aunque no soy para nada un admirador de los puñeteros polis. Me rompieron los dos dedos pequeños de los pies sin razón. Embriaguez y escándalo público mis cojones.

MAUREEN. ¿Que te rompieron los dedos los polis?

RAY. Eso hicieron.

MAUREEN. Ah. Tom Hanlon dijo que fue porque le diste una patada a una puerta en calcetines.

RAY. ¿Eso dijo? Y me imagino que cree en la palabra de un policía antes que en la mía. No, claro. ¿No es así como cayeron los seis de Birmingham?[39]

MAUREEN. No pretenderás comparar lo de tus dedos con los seis de Birmingham, Ray, por Dios.

RAY. Pues si es lo mismito. *(Pausa.)* ¿Qué le estaba diciendo?

MAUREEN. Alguna chorrada.

RAY. ¿Alguna chorrada, eh? No. Le preguntaba por el funeral de su madre, eso hacía.

MAUREEN. Pues eso.

RAY. *(Pausa.)* ¿Fue mucha gente?

MAUREEN. Mis hermanas y uno de sus maridos y nadie más aparte de Maryjohnny Rafferty y el padre Walsh... Welsh... con el sermón.

RAY. El padre Welsh le dio una vez un pescozón a Mairtin Hanlon, y sin que viniera a cuento. *(Pausa.)* ¿No está viendo la tele, no?

MAUREEN. No. Solo echan mierdas australianas.

RAY. *(Ligeramente desconcertado.)* Pues, claro, por eso me gusta. ¿Quién quiere ver Irlanda por la tele?

MAUREEN. Yo quiero.

RAY. Lo único que tiene que hacer es asomarse a la ventana para ver Irlanda. Y se aburrirá pronto. «Mira, por ahí va un ternero». *(Pausa.)* Yo me aburriría, vamos. Estaría todo el rato aburrido. *(Pausa.)* Ando pensando en irme a Londres. Creo. Ando pensándomelo, en fin. A trabajar, ya sabe. Uno de estos días. O si no a Mánchester. Hay muchas más drogas en Mánchester. Presuntamente, al menos.

MAUREEN. No te andes metiendo en líos de drogas, Ray, haz el favor. Las drogas son muy peligrosas.

RAY. ¿Muy peligrosas? Anda ya, ¿las drogas, seguro?

MAUREEN. Sabes perfectamente que lo son.

39 Hugh Callaghan, Patrick Joseph Hill, Gerard Hunter, Richard McIlkenny, William Power y John Walker: un grupo de irlandeses acusados falsamente en 1975 de los atentados del IRA en dos pubs de Birmingham el 21 de noviembre de 1974 y condenados a cadena perpetua. Pasaron dieciséis años en prisión antes de que la Corte de Apelaciones anulara su sentencia en 1991.

RAY. Quizás lo sean, quizás lo sean. Pero hay un montón de otras cosas peligrosas, cosas que te matarían igual de fácil. Incluso más fácil.

MAUREEN. *(Recelosa.)* ¿Cosas como qué?

RAY. *(Pausa. Encogiéndose de hombros.)* Este puto pueblo, para empezar.

MAUREEN. *(Pausa. Triste.)* No te falta razón.

RAY. Lo único que tarda setenta años. Bueno, pues yo no tardaré setenta años. Ya se lo digo yo. Ni de coña, vaya. *(Pausa.)* ¿Qué edad tenía su madre cuando falleció?

MAUREEN. Setenta, sí. Justos.

RAY. Pues vivió sus buenos años, al menos. *(Pausa.)* O sus años, al menos. *(Olfatea el aire.)* ¿Qué ha estado quemando?

MAUREEN. Gachas y Complan.

RAY. ¿Por qué?

MAUREEN. Porque no como ni gachas ni tomo Complan. Era lo que quedaba de mi madre. Estaba haciendo una buena limpia.

RAY. Menudo desperdicio.

MAUREEN. ¿Es que necesitaba que me dieras el visto bueno?

RAY. No, que no me habría importado llevármelos yo, ¿me entiende?

MAUREEN. *(En voz baja.)* No necesito que me des el visto bueno.

RAY. Las gachas al menos. Me gustan las gachas. El Complan lo habría dejado. No bebo Complan. Nunca le he visto la gracia.

MAUREEN. Hay algunas Kimberleys en el paquete que estaba a punto de quemar, te las puedes quedar, si es para tanto.

RAY. Me las quedaré, las Kimberleys. Me encantan las Kimberleys.

MAUREEN. No tenía la menor duda.

Ray se come un par de Kimberleys.

RAY. ¿No están un poco rancias? *(Mastica.)* Es difícil de saber con las Kimberleys. *(Pausa.)* Creo que las Kimberleys son mis galletas favoritas del mundo. O las Jaffa Cakes. *(Pausa.)* O las Wagon Wheels.[40]

40 Las Jaffa Cakes son unas galletas de forma redonda recubiertas de mermelada y chocolate; las Wagon Wheels son unas galletas esponjosas rellenas de malvavisco y bañadas en chocolate. Ambas, como las Kimberley o las Mikado, pueden encontrarse en cualquier supermercado y son muy baratas.

(Pausa.) ¿O no clasificaría las Wagon Wheels como galletas? ¿No son más una especie de chocolatina...?

MAUREEN. *(Interrumpiéndole.)* Tengo cosas que hacer, Ray. ¿Has venido por algo o solo para debatir sobre las Wagon Wheels?

RAY. Ah, sí, claro. No, que recibí una carta de Pato el otro día y me pedía que viniera.

Maureen se sienta en la mecedora y le escucha con ávido interés.

MAUREEN. ¿Ah, sí? ¿Qué te decía?

RAY. Decía que sentía lo de su madre y todo eso, y que le enviaba sus condolencias.

MAUREEN. Ya, ya, ya, ¿y qué más decía?

RAY. Eso era lo principal, el mensaje que me pedía que le diera.

MAUREEN. ¿Entonces no daba fechas o detalles?

RAY. ¿Fechas o detalles? No...

MAUREEN. Me imagino que...

RAY. ¿Eh?

MAUREEN. ¿Eh?

RAY. ¿Eh? Ah, también decía que sentía no haberla visto la noche que se fue, vamos, que le habría gustado decirle adiós. Pero que, si era lo que usted quería, pues que bueno. Aunque a mí me pareció de mala educación, la verdad.

MAUREEN. *(Poniéndose de pie, confusa.)* Pero si sí que le vi la noche que se fue. En la estación.

RAY. ¿Qué estación? Si aquí no hay estación y se fue en taxi. ¿Qué dice?

MAUREEN. *(Sentándose.)* Ahora no sé.

RAY. Se fue en taxi, y triste porque nunca le dijo adiós, aunque por qué quería que le dijera adiós no lo sé. *(Pausa.)* Le voy a decir una cosa, Maureen, sin querer sonar cruel, pero su casa huele mucho mejor desde que murió su madre. Pero que mucho mejor.

MAUREEN. Pues mira tú. Y yo pensando que le vi la noche que se fue. Con el tren que se alejaba...

Ray la mira como si estuviera loca.

RAY. Claro, claro. *(Entre dientes, sarcástico.)* Descanse un poco. *(Pausa.)* A todo esto, ¿conoce a una chica que se llama, eh... Dolores Hooley o Healey? Una de los yanquis que vinieron.

MAUREEN. Me suena el nombre, sí.

RAY. Estaba en la despedida de mi tío, bailando con mi hermano al principio. ¿Se acuerda?

MAUREEN. ¿Bailando con él, eh? Más bien echándosele encima. Como una fulana barata.

RAY. Yo de eso no sé nada.

MAUREEN. Como una fulana barata. ¿Y total para qué?

RAY. A mí me pareció bastante maja, la verdad. Tenía unos ojos grandes y marrones. Me gustan los ojos marrones, a mí. Anda que si me gustan. Como la chica que salía en *Bosco*.[41] O eso creo, que la chica que salía en *Bosco* tenía los ojos marrones. La tele que teníamos era en blanco y negro. *(Pausa.)* ¿Qué le estaba diciendo?

MAUREEN. Algo de Dolores Hooley o quien puñetas fuera.

RAY. Ah, sí. Hace una semana que ella y Pato se prometieron, me escribió para contármelo.

MAUREEN. *(Conmocionada.)* ¿Se han prometido para hacer qué?

RAY. Prometido para casarse. ¿Pues para qué se promete uno normalmente? «¿Prometido para hacer qué?». Para comerse un bollo, no te jode.

Maureen está estupefacta.

RAY. Un poco joven para él, me parece a mí, pero él sabrá. Un flechazo o como se diga. Piensan celebrar la boda en julio del año que viene, pero voy a tener que escribirle y decirle que adelante o atrase la fecha, que va a coincidir si no con la Eurocopa. ¿Echarán la Eurocopa en la tele de allí? Probablemente no, los yanquis de los cojones. El fútbol se la suda. En fin. *(Pausa.)* Para ella no será mucho cambio,

41 Una programa infantil irlandés de los años setenta y ochenta protagonizada por una marioneta pelirroja que solía interactuar con personas de carne y hueso como la chica que menciona Ray.

de Hooley a Dooley. Solo una letra. La *h*. No está mal. *(Pausa.)* A no ser que se llame Healey. No logro acordarme. *(Pausa.)* Si es Healey serán tres letras. La *h*, la *e* y la *a*. *(Pausa.)* ¿Quiere que le dé algún mensaje, entonces, cuando le escriba, señora? Voy a escribirle mañana.

MAUREEN. Estoy... estoy un poco confusa. ¿Dolores Hooley...?

RAY. *(Pausa. Molesto.)* Que digo que si quiere que le dé algún mensaje.

MAUREEN. *(Pausa.)* ¿Dolores Hooley...?

RAY. *(Suspirando.)* Mecagüen... ¡En esta casa no hay más que chaladas!

MAUREEN. ¿Quién es la chalada?

RAY. ¡Quién es la chalada, dice!

Ray se burla y le da la espalda, asomándose a la ventana. Maureen coge despacio el atizador que está junto a la estufa y, sosteniéndolo junto al costado, se le acerca por detrás.

MAUREEN. *(Enfadada.)* ¡¿Quién es la chalada?!

Ray de repente ve algo escondido tras un par de cajas en la repisa de la ventana.

RAY. *(Enfadado.)* ¡Esta sí que es buena, me cago en la hostia, lo que me faltaba a mí por ver...!

Coge una pelota de tenis desteñida del alfeizar y se da media vuelta para enfrentarse a Maureen, tan enfadado que no repara en el atizador. Maureen se para en seco.

RAY. Ahí en la repisa de los cojones todos estos puñeteros años la ha tenido, ¿y para qué cojones la quería? Diez libras le costaron a mi madre y a mi padre aquellas palas, y fue en 1979, cuando diez libras eran un montón de dinero. El mejor puñetero regalo que me han hecho en la vida y solo pude jugar dos meses antes de que me lo confiscara. ¿Qué derecho tenía? ¿Qué derecho? Ninguno, ningún derecho. Y todo para dejarla ahí cogiendo polvo. No me importaría si la hubiera usado para algo, para jugar a botarla o tirarla contra la pared, pero no. Solo por puro rencor se la quedó, y delante de mis narices. ¿Y luego se pregunta quién es la puñetera chalada? Quién es la puñetera chalada, me dice. Le diré quién es la puñetera chalada, señora. ¡Usted es la puñetera chalada!

Mauren deja caer al suelo el atizador con un ruido, y se sienta en la mecedora, aturdida.

MAUREEN. No sé por qué me quedé tu pelota de tenis, Raymond. Ya no me acuerdo. Creo que por aquel entonces tenía la cabeza un poco así.

RAY. «Por aquel entonces», dice, y se dedica a darle un golpe contra el suelo a un buen atizador y no hace más que hablar de trenes. *(Recoge el atizador y lo coloca en su sitio.)* Es un buen atizador, la verdad. Deje de darle golpes contra las cosas.

MAUREEN. No se los daré.

RAY. Está de la hostia ese atizador. *(Pausa.)* Para demostrarle que no le guardo rencor por la pelota, ¿me vendería ese atizador, señora? Le daré cinco libras.

MAUREEN. No quiero vender mi atizador, Ray.

RAY. ¡Venga! ¡Seis libras!

MAUREEN. No. Tiene valor sentimental.

RAY. ¡Pues no la perdono!

MAUREEN. Anda, no seas así, Ray..

RAY. No, no la perdono, no la perdonaré nunca...

Se dirige a la puerta principal y la abre.

MAUREEN. ¡Ray! ¿Vas a escribirle a tu hermano entonces?

RAY. *(Suspirando.)* Sí. ¿Por?

MAUREEN. ¿Le darás un mensaje de mi parte?

RAY. *(Suspira.)* ¡Mensajes, mensajes y más mensajes! ¿Cuál es el mensaje, a ver? Y que sea corto.

MAUREEN. Solo dile...

Lo piensa durante un rato.

RAY. ¡Esta semana, si puede ser!

MAUREEN. Solo dile... Solo dile: «La reina de la belleza de Leenane dice hola». Nada más.

RAY. «La reina de la belleza de Leenane dice hola».

MAUREEN. Sí. ¡No!

Ray suspira de nuevo.

MAUREEN. *Adiós.* Adiós. «La reina de la belleza de Leenane dice *adiós*».[42]

RAY. «La reina de la belleza de Leenane dice adiós». No sé qué cojones quiere decir, pero se lo daré. «La reina de la belleza de Leenane dice adiós», aunque después de este puñetero asunto de la pelota, no sé por qué puñelas debería. Adiós, pues, señora...

MAUREEN. ¿Me haces el favor de subir un poquín la radio antes de irte, Pato? Quiero decir, Ray...

RAY. *(Irritado.)* Me cago en... *(Sube el volumen de la radio.)* ¡La puñetera imagen de su madre, ahí sentada venga a dar órdenes y sin saber cómo me llamo! ¡Adiós!

MAUREEN. Y cierra la puerta al salir...

RAY. *(Gritando enfadado.)* ¡Pensaba cerrar la puñetera puerta al salir!

Da un portazo según sale. Pausa. Maureen empieza a mecerse en la silla mientras escucha la canción de los Chieftains que suena en la radio. Se escucha la voz tranquila y suave del locutor.

LOCUTOR. Hemos escuchado una estupenda canción de los Chieftains. La siguiente es de parte de Annette y Margo Folan para su madre, Maggie, en las montañas de Leenane, uno de los lugares más bonitos del mundo, para felicitarle su septuagésimo primer cumpleaños el mes pasado. Bueno, espero que lo pasaras bien, Maggie, y esperamos que celebres muchos más en el futuro. Estoy seguro de que lo harás. Esta es para ti.

42 Hay ciertos ecos en esta despedida de Maureen del parlamento final de *The Playboy of the Western World* de J. M. Synge, cuando Pegeen, tras perder a Christy, exclama: «¡Ay, cativa de mí! ¡Lo he perdido! He perdido al único campeón del mundo occidental».

Suena «The Spinning Wheel» de Delia Murphy. Maureen se mece en la silla hasta la mitad del cuarto verso, cuando se levanta, recoge la polvorienta maleta, la acaricia suavemente, se dirige lentamente al pasillo y se vuelve a mirar un momento la mecedora vacía. Esta sigue meciéndose lentamente. Breve pausa, luego Maureen sale por el pasillo, cerrando la puerta según sale. Se escucha la canción en la radio hasta el final, mientras la mecedora poco a poco se detiene y las luces, muy lentamente, se apagan.

Un cráneo en Connemara

Un cráneo en Connemara fue producida por primera vez por la Druid Theatre Company / Royal Court en el Town Hall Theatre de Galway, Irlanda, el 3 de junio de 1997, y luego en el Royal Court Theatre Downstairs de Londres el 17 de julio de 1997.

Personajes

Mick Dowd, unos cincuenta años

Maryjohnny Rafferty, unos setenta años

Mairtin Hanlon, adolescente/veinteañero

Thomas Hanlon, unos treinta años

Escenario

Un pueblo de Galway

Escena 1

El salón más bien espartano de una cabaña en un pueblo de Galway. A la izquierda del escenario, la puerta principal; una mesa con dos sillas y una alacena hacia la derecha, y en el centro de la pared del fondo una chimenea encendida con dos sillones, uno a cada lado. En esa misma pared, un crucifijo y justo debajo un conjunto de viejos aperos de labranza, hoces, guadañas, piquetas, etc. Al comienzo de la obra, Mick Dowd, un hombre de cincuenta y tantos, propietario de la cabaña, está sentado en el sillón de la izquierda cuando Mary Rafferty, una vecina fornida y canosa de unos setenta años llama a la puerta. Mick la deja pasar.

Mary. Mick.

Mick. Maryjohnny.

Mary. Qué frío.

Mick. Hace frío, ya me imagino.

Mary. Sí que hace frío. Está refrescando.

Mick. Ya me imagino que está refrescando.

Mary. Pues claro que está refrescando, Mick. Ya se fue el verano.

Mick. Todavía no se fue, ¿o sí?

Mary. El verano se fue, Mick.

Mick. ¿En qué mes estamos?

Mary. ¿No estamos en septiembre?

Mick. *(Piensa.)* Lo estamos, ¿verdad?

Mary. Ya se fue el verano.

Mick. Qué verano que tuvimos.

Mary. ¿Qué verano tuvimos? No tuvimos ningún verano.

Mick. Siéntate y ponte cómoda, anda, Mary.

MARY. *(Sentándose inmediatamente.)* Lluvia, lluvia, lluvia y más lluvia es lo que tuvimos. Y ahora el frío. Y los días cada vez más oscuros. En un par de semanas las hojas se pondrán amarillas y adiós.

MICK. Ni siquiera sabía que ya era septiembre, no te lo voy a negar.

MARY. ¿No lo sabías, Mick? ¿Pues qué mes pensabas que era?

MICK. Pues agosto o algo así pensaba que era.

MARY. ¿Agosto? (*Se ríe.*) Agosto ya pasó.

MICK. Ya lo sé que pasó, ya.

MARY. Agosto se fue.

MICK. Ya lo sé que se fue.

MARY. Que agosto fue mes pasado.

MICK. *(Un poco irritado.)* Ya lo sé, que ya me he enterado, Mary. No tienes que seguir insistiendo.

MARY. *(Pausa.)* Pues no volvieron al colegio los chicos y las chicas, y dejaron de desfilar de un lado a otro por la calle como...

MICK. Claro, si es verdad. Y normalmente es algo de lo que me doy cuenta y me digo: «Los chicos y las chicas han vuelto al colegio. Se acabó el verano».

MARY. Como un hatajo de fulanas.

MICK. *(Pausa.)* ¿Como un hatajo de fulanas? ¿Quiénes?

MARY. Los escolares venga a desfilar de un lado a otro.

MICK. Bueno, yo no diría como un hatajo de fulanas.

MARY. Venga a besuquearse.

MICK. ¿Qué hay de malo?

MARY. Venga a decir palabrotas.

MICK. Mary, estás demasiado chapada a la antigua, de verdad te lo digo. ¿Quién no dice palabrotas hoy en día?

MARY. Yo no las digo.

MICK. «Tú no las dices».

MARY. *(Pausa.)* Eamonn Andrews no las decía.[43]

43 Eamonn Andrews (1922-1987), presentador irlandés de radio y televisión que se hizo famoso en Inglaterra a partir de los años sesenta.

Mick. Pues es que no podemos todos ser tan buenos como tú o Eamonn Andrews. Y me juego la cabeza a que Eamonn Andrews decía palabrotas si se tropezaba o se sentaba sobre un clavo.

Mary. No las decía.

Mick. Lo que pasa es que en televisión eso no sale. Al volver a casa seguro que soltaba unas cuantas. Seguro que no hacía otra cosa que decir palabrotas.

Mary. Pero qué mentira que...

Mick. Al volver a casa, ¿me entiendes?

Mary. Te diré quién más no dice palabrotas. *(Señalando al crucifijo.)* Ese hombre de ahí no dice palabrotas.

Mick. Pues es que no podemos todos ser tan buenos como Nuestro Señor. Ni siquiera Eamonn Andrews. Además, que los chavales solo salen a divertirse un rato durante las vacaciones y no pretenden hacer mal a nadie.

Mary. ¿No pretenden hacer mal a nadie, eh, Mick? Y esos tres a los que pillé echando una meada en el cementerio y que cuando les dije que se lo contaría al padre Cafferty, ¿qué me llamaron? ¡Gorda chismosa me llamaron!

Mick. Ya sé que te lo llamaron, Mary, y no deberían haber...

Mary. ¡Por supuesto que no deberían!

Mick. Que fue hace veintisiete años, por el amor de Dios, Mary.

Mary. ¡Veintisiete años o los que sean!

Mick. Lo pasado pasado está.

Mary. ¿Pasado, eh? No, lo pasado pasado no está. Te diré yo cuando lo pasado estará pasado. ¡Cuando los vea arder en el infierno, y ni un minuto antes!

Mick. ¿No te parece que el infierno es demasiado castigo por una meadina? Pero si no tenían más que cinco años, los benditos.

Mary. En suelo sagrado, Mick.

Mick. En suelo sagrado o en donde sea. No se aguantarían las ganas. ¿Y qué es un suelo sagrado aparte de un simple terreno con unas gotas de agua bendita encima?

Mary. Mick Dowd, ya me imaginaba que ibas a ser tú el que me saliera con algo así. Con el trabajo asqueroso que tienes cada otoño...

MICK. *(Interrumpiéndola.)* Eso no viene a cuento.

MARY. ¿Cómo que no viene a cuento?

Pausa. Mick se levanta, sirve dos vasos de aguardiente, le da uno a Mary y se sienta con el otro en la mano.

MICK. ¿Pues no me paga el Condado por hacer el trabajo, por muy asqueroso que sea? ¿No se queda el párroco la mitad del tiempo conmigo venga a darme charla y venga a traerme tazas de té? ¿Eh?

MARY. *(Pausa.)* No, si ya me imagino. *(Le da un sorbo al aguardiente.)* Yo no le daría ni un roñoso penique a ese joven cantamañanas.

MICK. ¿Qué joven cantamañanas?

MARY. El padre Welsh, Walsh, Welsh.

MICK. ¿Qué tiene de malo el padre Welsh?

MARY. No, nada de malo, ¡salvo que no me apetece mucho tener que confesarme a un mocoso!

MICK. De todos modos, ¿qué puñelas tienes tú que confesarle todas las semanas?

MARY. La pregunta es más bien qué le confiesas *tú*.

MICK. *(En broma.)* Porque a ver, ¿qué pecados pueden ser? ¿No será tener pensamientos impuros, no? No. Más bien será «No robarás».

MARY. ¿Cómo que «No robarás»?

MICK. Ah, estafarles a los yanquis una libra por cada mapa que la oficina de turismo te pidió que repartieras gratis. Decirles que la casa de tu Liam fue donde filmaron *El hombre tranquilo*,[44] ¿que no lo filmaron a cien kilómetros en Maam Cross o algo así?

MARY. ¿A cien kilómetros? Entonces Maam Cross ha cambiado de sitio, porque la última vez que miré estaba a diez.

MICK. Las fotos de John Wayne, dos libras cada una. Maureen O'Hara bebió de esta taza: cinco libras. Y no me hagas seguir, ¿eh? Menudos lerdos los yanquis.

MARY. Si los lerdos de los yanquis quieren contribuir con dos de perras a la jubilación de una anciana, no seré yo quien se lo impida.

44 La película de John Ford de 1952, protagonizada por John Wayne y Maureen O'Hara, representa el oeste de Irlanda de una formula idílica y llena de tópicos, pero los lugares donde se rodó son aún una atracción turística.

MICK. Pues si estafarles a esos lerdos no es lo que confiesas, entonces será jugar diez cartones al bingo.

MARY. *(Sonriendo.)* No juego diez cartones al bingo.

MICK. Cien testigos podría reunir el condado que te dirían lo contrario, porque hace veinte años que llevas con lo mismo.

MARY. A lo mejor de vez en cuando me olvido de cuántos cartones he cogido...

MICK. Ah, bueno, que te olvidas.

MARY. *(Un tanto dolida.)* Me olvido, Mick. Quiero coger cuatro, y entonces dos se quedan pegados, y antes de que me dé cuenta de dónde me he sentado y cuántos cartones tengo...

MICK. Mary Rafferty, llevas jugando con diez cartones en esa iglesia cada semana desde que De Valera[45] tenía doce años, y diez cartones si ese día tienen suerte, ¿porque no ascienden a quince cuando el bote de Navidad? ¿Y no son veintidós tu récord Guinness? Que seguro que serían más si esa noche no hubieras ganado dieciocho veces y te pareció que igual empezaban a sospechar.

Mary lo mira furiosa.

MARY. Volviendo a lo de la confesión, Mick Dowd, ¿cuánto hace que no ves al párroco? ¿Siete años y medio van ya, Mick?

MICK. ¿Eh?

MARY. Siete años y medio...

MICK. *(Enfadado.)* Ya está bueno, Mary.

MARY. ¿No era tu Oona la que solía arrastrarte cada semana...?

MICK. *(Enfadado, poniéndose en pie.)* Que ya está bueno, Mary, ¿no me has oído? ¡O ahí tienes la puerta!

Mick se pasea durante un momento y se sirve otro vaso.

MARY. De todos modos los canta demasiado despacio.

MICK. ¿Quién canta qué demasiado despacio?

45 Éamon de Valera (1882-1975), figura central de la política irlandesa del siglo XX, líder independentista durante la Guerra de Independencia contra Gran Bretaña, luego varias veces primer ministro y presidente de la República de Irlanda.

MARY. El cantamañanas del bingo de San Patricio.

MICK. Ah, que canta los números.

MARY. Walsh, Welsh. *(Pausa.)* Hacen falta diez cartones para que te merezca la pena y no sea una pérdida de tiempo. No es para ganar que cojo diez cartones.

MICK. Es por jugar.

MARY. Es por jugar, Mick, precisamente.

MICK. De todos modos nadie te lo tiene en cuenta.

MARY. Porque soy viejita.

MICK. Lo que sea, pero nadie te lo tiene en cuenta.

Llaman a la puerta principal, que inmediatamente se abre de golpe. Entra Mairtin con una camiseta del Manchester United, equipación de visitante,[46] *con «Keane»*[47] *escrito a la espalda, hinchando los carrillos y resoplando de vez en cuando.*

MAIRTIN. ¿Cómo va todo?

MARY. ¿Cómo estás, Mairtin?

MICK. ¿Cómo estás, Mairtin? Y cierra la puerta.

MAIRTIN. Cierro la puerta. *(Lo hace.)* O es que naciste en un establo con las puertas abiertas de par en par, como dice mi mamá. Dice: o es que naciste en un establo con las puertas de par en par, ¿a que sí, yaya Mary? Y yo le digo: «Cojones, pues como no lo sepas tú, mamá».

Mary chasquea la lengua.

MAIRTIN. No, que le digo: como no lo sepas tú, mamá querida. Nada más. Es lo que le digo, ¿entiende? Porque si alguien tiene que saber dónde nací, ¿no tendría que ser ella? *(Pausa.)* En el Hospital Regional nací. En Galway.

MICK. Ya sabemos dónde está el Hospital Regional.

MAIRTIN. No, claro. *(A Mary.)* ¿No fue allí donde le arreglaron la cadera?

46 Dado el marco temporal de la obra, una camiseta negra con detalles dorados y «Sharp Viewcam» en el pecho, uno de los patrocinadores del club.
47 Roy Keane, centrocampista irlandés del Manchester.

MARY. No.

MAIRTIN. Sería otra persona. No, claro. Una que se cayó y que estaba gorda. ¿Quién sería?

MICK. ¿A qué has venido, Mairtin?

MAIRTIN. Me ha mandado el padre Welsh. O Walsh. Era la hora del coro y decía que les interrumpía. ¿Eso es aguardiente, Mick? ¿No le sobra un poquino?

MICK. La verdad que no.

MAIRTIN. Anda, venga...

MARY. ¿Por qué les interrumpías en el coro, Mairtin? De pequeño cantabas estupendamente, Dios te bendiga.

MAIRTIN. Es que ahora solo cantan un montón de puñeteras mierdas.

Mary chasquea la lengua ante sus palabrotas.

MAIRTIN. Que ahora solo cantan un montón de canciones no muy buenas, quiero decir. No hacen más que gimotear, y todo va de peces y de osos.

MICK. ¿De peces y de osos, eh?

MAIRTIN. Precisamente. ¿Pues no lo acabo de decir? Dijeron que no, que a los jóvenes les gustan estas. ¿Qué canción querían que cantáramos esta noche? Algo sobre que si yo fuera un oso sería feliz. La verdad es que yo soy mucho más feliz siendo humano. Un montón de puñeteras polladas, eso es lo que son. A mí en realidad lo único que me gustan son los villancicos.

MICK. Y en septiembre no vienen muy al caso.

MAIRTIN. Precisamente, no vienen muy al caso. Pero creo que deberían cantarlos todo el año y no las soplapolleces que cantan, porque te ponen de un espíritu super navideño, vaya que sí.

MARY. ¿Cómo están mamá y papá, Mairtin, que hace días que no los veo?

MAIRTIN. Pues estupendamente. Bueno, mi mamá está estupenda, mi papá está tan estupendamente como puede estarlo un cabrón como él...

MARY. Mairtin, que es tu padre.

MAIRTIN. Es mi padre, sí. Y si se quitara el cinturón para sacudirle a usted sin motivo ninguno ocho veces a la semana, no diría tan rápido «que es tu padre». Ya se lo digo yo.

MICK. Porque tú no haces nada para merecértelo, supongo. Claro que no.

MAIRTIN. Nada de nada.

MICK. Nada de nada, ya. Porque los neumáticos de la policía se rajaron ellos solos en la puerta de la discoteca de Carraroe. A tu colega Ray Dooley lo pescaron y el otro se escapó.

MAIRTIN. No fui yo, Mick.

MICK. No fuiste tú. Por supuesto que no.

MAIRTIN. Que además me dolía una pierna. Qué es lo que andaban haciendo a esas horas de la noche los policías en la discoteca es lo que me gustaría saber a mí.

MICK. Tratar de encontrar a los gamberros que se liaron a botellazos y mandaron a esas dos chiquillas esa noche al hospital.

MAIRTIN. Pues que digo yo que si no tendrían algo mejor que hacer.

MICK. Ajá... En fin, ¿qué es lo que te ha mandado decir el padre Welsh, Mairtin?

MAIRTIN. Y que a lo mejor esas dos chicas se merecían un buen botellazo. No conoce todos los detalles.

MARY. ¿Por qué iban a merecerse un botellazo esas pobres chicas?

MAIRTIN. Por mil razones. A lo mejor se burlaron de las zapatillas de algún fulano, cuando lo único que hizo fue pedirles un bailecito, y muy educadamente. Y luego llamaron al cabrón de su hermano a que metiera el cuezo. Poca cosa me parecen unos pocos puntos para esas zorras, y bien que lo saben. Con lo feas que eran para empezar, unos cuantos puntos no pueden hacer otra cosa que mejorarlas. Vaya que sí. *(Pausa.)* Pero, como les decía, que yo no estaba, que me dolía una pierna.

MICK. ¿Me vas a hacer preguntar de nuevo, Mairtin?

MAIRTIN. ¿Preguntar el qué?

MICK. ¡¿Qué puñelas te ha mandado decir el padre Welsh, por Cristo?!

MAIRTIN. *(Pausa.)* ¿Ahora nos hablamos a gritos, Mick? Que tiene que ponerse con lo de las exhumaciones anuales la semana que viene. Los chanchullos del cementerio.

Mary le lanza a Mick una mirada de indignación. Mick le evita la mirada con cierto aire de culpa.

MICK. ¿La semana que viene ya? Qué pronto. Pronto para el mes que estamos, quiero decir. Aunque con lo del entierro de la pobre Mag Folan el mes pasado, supongo que las cosas se han adelantado un poco.

MAIRTIN. No sé si se han adelantado un poco y me da igual que se hayan adelantado un poco. En todo caso, que tengo que ayudarle y que son veinte libras a la semana lo que el puñetero Walsh, el puñetero Welsh me va a pagar.

MICK. ¿Que tienes que ayudarme?

MAIRTIN. Eso dijo. Vamos que si lo dijo. Veinte libras a la semana. ¿Cuánto gana usted a la semana, Mick?

MICK. Gano lo suficiente a la semana, ¿a ti qué te importa lo que gane?

MAIRTIN. No me importa, ¿qué me va a importar? Solo pregunto.

MICK. Pues deja de preguntar.

MAIRTIN. Que además el que tiene experiencia es usted. Si son cien o son más de cien, se las merece muy merecidas, es usted quien tiene experiencia. *(Pausa.)* ¿Entonces son más de cien, Mick?

MICK. Qué muchacho.

MAIRTIN. Que yo solo lo pregunto, eh.

MICK. Pues es lo que mejor se te da, hacer puñeteras preguntas.

MAIRTIN. ¿Ahora son puñeteras preguntas?

MICK. Lo son.

MAIRTIN. Ah... pues... hmm.

MARY. No eres el único, Mairtin, el que hace preguntas que este hombre se niega a contestar.

MICK. Venga, ya empezamos con tus chocheos de vieja.

MAIRTIN. ¿Qué tipo de preguntas, yaya Mary?

Mary. Preguntas sobre dónde puso a nuestro Padraig cuando lo desenterró. Ese tipo de preguntas. Y dónde puso a nuestra Bridgit cuando la desenterró. Ese, ese tipo de preguntas. Y dónde puso a mi pobre mamá y a mi pobre papá cuando los desenterró. ¡Esa es la pregunta más importante de todas!

Mairtin. ¿Dónde puso a todos los familiares de Mary, Mick? Los huesos y todo eso.

Mary. No te lo dirá.

Mick. ¿Que no lo diré?

Mary. Pues dilo.

Mairtin. Eso, pues dígalo.

Mick. ¿Ahora tú también quieres meter el cuezo?

Mairtin. *Estoy* metiendo el cuezo. ¿Qué hizo con ellos?

Mick. ¿Qué hice con ellos, quieres saber?

Mairtin. Eso quiero. Por la puñetera centésima vez.

Mick. Con que por la puñetera centésima vez, ¿eh? Te diré lo que hice con ellos. Les di con un martillo hasta hacerlos migas y los tiré a cubazos al estiércol.

Mary está horrorizada. Mairtin se echa a reír a carcajadas.

Mairtin. *(Riéndose.)* ¿No será verdad, no?

Mick. Puede que lo sea o puede que no.

Mairtin. ¿Les dio con un martillo y los tiró al estiércol? ¿Puedo hacer yo eso también, Mick?

Mick. No, no puedes hacer eso.

Mairtin. Anda ya, qué le va a dar martillazos a ningún cadáver, que no. Los precintará en un saco y los meterá en algún sitio y ya está. En un lago o donde sea, cuando los mendigos no anden por ahí.

Mick. En el lago, claro que sí. Está hablando el experto.

Mary ha estado mirando fija y duramente a Mick durante todo el rato.

Mary. ¡Mick Dowd!

Mick. ¡Maryjohnny!

MARY. ¡Te voy a hacer una pregunta! ¡Y quiero la verdad y nada más que la verdad!

MICK. ¡Pregunta!

MARY. ¿Es verdad lo de que les das martillazos a los huesos hasta hacerlos migas y los tiras al estiércol?

MICK. Lo que haga con los huesos tanto el párroco como la policía me han hecho jurar que lo guardaría en secreto y obligado a ello estoy...

MAIRTIN. Jo, jo.

MARY. *(Poniéndose en pie.)* Michael Dowd, si no me contestas, obligado o sin obligar, me iré de esta endemoniada casa y nunca volveré a poner un pie en...

MICK. Obligado estoy por el párroco y la policía...

MARY. Michael Dowd, si no me contestas...

MICK. Ni les doy con el martillo ni los tiro al estiércol, Mary. Pero ¿por quién me tomas?

MAIRTIN. Lo sabía, es que lo sabía...

MARY. ¿Y entonces qué haces con ellos, si no les das martillazos?

MICK. *(Pausa.)* Los precinto dentro de un saco y dejo que se hundan hasta el fondo del lago y digo una retahíla de oraciones mientras lo hago.

MAIRTIN. Se lo dije, ¿no se lo dije? Que era el puñetero lago, o el lago más bien. ¿No se lo dije que es lo que hacía, que los precintaba en un saco y los tiraba al lago?

MICK. No dije que los tirara. Dije que los dejaba hundirse. Con delicadeza.

MAIRTIN. No, claro, que los dejaba hundirse con delicadeza, sí. Y que decía un par de oraciones mientras tanto.

MICK. Y decía un par de oraciones mientras tanto.

MAIRTIN. Para hacerlo como Dios manda, vaya.

MARY. ¿Esa es la verdad, Mick Dowd?

MICK. Esa es la verdad, Mary.

MARY. Entonces me sentaré y acabaré de echarme ese traguito contigo.

MICK. Bien por ti, Mary.

Mary se sienta de nuevo. Mick le rellena el vaso.

MAIRTIN. *(Sin dejar de mirar el aguardiente.)* Después de siete años, además, serán solo un revoltijo de dos o tres huesos, estoy seguro, y nada a lo que uno pueda darle martillazos.

MICK. Ha hablado el experto en la materia.

MAIRTIN. No tiene nada que ver con ser experto. No es más que puro sentido común.

MICK. ¿Ah, sí, me lo explicas?

MAIRTIN. Hay una vaca en nuestro campo que lleva muerta cuatro o cinco años...

MICK. Ya lo sé que la hay. Y es la mejor vaca que tenéis.

MAIRTIN. No, no, oiga. No la mejor vaca que tenemos. Ni siquiera era nuestra vaca. ¿Pues no se coló un día en nuestro campo y se murió de repente?

MICK. Claro. El olor la noqueó.

MAIRTIN. ¿Y no queda solo la...? «El olor la noqueó». Que le den. ¿Con lo que huele esta casa? ¿Eh? ¿«El olor la noqueó»? No me haga hablar, ¿eh? *(Pausa.)* ¿Qué estaba diciendo? Me ha hecho perder el hilo...

MICK. «Y no queda solo la no sé qué...».

MAIRTIN. ¿Y no queda solo la calavera y un par de huesos, de la vaca digo, sin nada de piel ni pelos? ¿Así que no quedaría aún menos del cuerpo de una persona después de pudrirse bajo tierra?

MICK. En eso no te falta razón. Salvo que si fuera el cuerpo de una persona, tu familia no se hubiera dedicado los últimos años a dejarle los huesos limpios para hacerse la cena.

MAIRTIN. ¿A dejarle los huesos limpios para hacernos la cena, dice? ¡Tenemos mejores cenas en nuestra casa que usted en esta puñetera choza suya! ¡Ya se lo digo yo! ¡Aguardiente para desayunar y aguardiente para cenar es todo lo que he visto ingerir en esta casa!

MICK. Lo que tú digas.

MAIRTIN. ¿Eh? Insultando las cenas de nuestra mamá, cuando yo no hacía más que explicar lo de la vaca en nuestro campo y los huesos. Se lo explicaba, ¿entiende?, para echarle una mano.

MICK. Tienes razón, Mairtin. Lo dije sin pensar.

MAIRTIN. Y claro que tengo razón. Toda la razón del mundo.

MICK. Y si te insulté a ti o a tu madre o a las cenas de tu madre haciendo insinuaciones sobre que dejáis limpios los huesos de las vacas que llevan cinco años muertas y ni notáis la diferencia, entonces lo retiro todo y te pido perdón.

MAIRTIN. *(Confuso.)* ¿Qué? ¿Cómo? Bueno, vale.

Mick se sirve otro vaso.

MAIRTIN. Y solo para demostrarle que no hay rencores, déjeme darle un tientecito a eso, anda, Mick. Aunque sea este poquino.

MICK. ¿Este poquino, eh?

MAIRTIN. Solo eso. Para demostrarle que no hay rencores, anda.

MICK. Para demostrarme que no hay rencores, claro. *(Vierte un poco de aguardiente sobre sus dedos y salpica a Mairtin como si se tratara de agua bendita. Alcanza a Mairtin en los ojos.)* Yo te bendigo, Mairtin.

Mary se ríe entre dientes. Mick se vuelve a sentar. Mairtin se frota los ojos enfadado.

MAIRTIN. ¡Me ha dado en el ojo!

MICK. A eso estaba apuntando. Me apuesto a que además escuece.

MAIRTIN. Claro que además escuece, pedazo de cabrón de mierda. *(Mary chasquea la lengua.)* ¿Me chista a mí? Chístele a él, que me ha echado aguardiente en los ojos y casi me deja ciego.

MARY. Así aprenderás a no volver a interrumpir en el coro, Mairtin querido.

MAIRTIN. ¿Qué coro? ¿Qué puñelas tiene que ver el coro? Insulta las cenas de mi mamá y me echa aguardiente en los ojos.

MICK. Anda, que no era más que una gota, anda. ¿Iba yo a querer malgastar un buen aguardiente en tus ojos?

MAIRTIN. *(A Mary.)* ¿Se me ha puesto rojo, yaya?

MARY. Un poco rojo, Mairtin...

MICK. «¿Se me ha puesto rojo?». Por Dios, siempre fuiste un cagón tiquismiquis, Mairtin, nada más que un cagón y un tiquismiquis.

MAIRTIN. ¿Con que un cagón tiquismiquis, eh?

MICK. Precisamente.

MAIRTIN. Pues a lo mejor lo soy, y a lo mejor sé algo que usted no sabe.

MICK. ¿Qué vas a saber? Una mierda sabes, Mairtin querido.

MAIRTIN. A lo mejor sé en qué rincón del cementerio nos toca cavar esta semana.

MICK. ¿Qué me importa a mí qué rincón del cementerio?

MAIRTIN. Oh, a lo mejor no le importa, claro. Solo que es en el lado sur, junto al hastial.

Mick asiente, un tanto inquieto.

MICK. Entonces llevan más de siete años ya enterrados, los del hastial. Sí que los llevan, supongo.

MAIRTIN. Pues sí. ¡Siete años y más! *(A Mary.)* ¿Ve? No le gusta cuando le toca de cerca. Entonces ya no le gusta.

MARY. ¿Qué quieres decir con que «le toca de cerca»?

MAIRTIN. ¿No está su parienta enterrada allí junto al hastial? ¿Qué hay más cerca que eso?

MARY. ¿Está Oona enterrada junto al hastial, Mick?

MICK. Lo está.

MARY. Ay, Dios te bendiga...

MAIRTIN. Va a ser un trabajo interesante. No pasa muchas veces que a un hombre se le pague por desenterrar los huesos de su propia esposa muerta.

MICK. Oona dejó esos huesos hace mucho tiempo, y eso es lo único que son ahora, huesos.

MARY. *(En voz baja.)* No puedes desenterrar tú a Oona, Mick. No está bien. Deja a Oona a otro, anda.

MICK. ¿A quién? ¿A este? Seguramente le dé por partirle en dos el cráneo.

MAIRTIN. Oh. ¿Partirle en dos el cráneo, eh?

MICK. Precisamente.

MAIRTIN. He oído que es un poco tarde para eso.

MICK. *(Pausa. Poniéndose de pie y acercándose a él.)* ¿Qué has oído?

MAIRTIN. Solo una cosita o dos, y no se me tire encima, puñela, que no he dicho nada, solo que algunos dicen cosas y yo no les hago ningún caso hasta que otros se ponen a dar gritos y a llamarme cosas y a tirarme aguardiente a los ojos...

MICK. ¿Qué cosas te he llamado?

MARY. *(Pausa. En voz baja.)* Un cagón y un tiquismiquis...

MAIRTIN. Un cagón tiquismiquis me llamó. Y si la gente se pone a hacer eso entonces me veo en la obligación de contratacar, y no será con un poquino de aguardiente, sino con insinuaciones. Y si las insinuaciones son verdad o no lo son, ni lo sé ni me importa. Solo lo dije porque fue usted quien empezó todo el tinglado en primer lugar.

MICK. ¿Cuáles *son* las insinuaciones?

MAIRTIN. Nada. Cosas. Así en general.

MICK. Las únicas insinuaciones posibles son las que ya reconocí, y por las que ya cumplí lo mío. Que había bebido un poco, un poco bastante, y que ella no llevaba el cinturón puesto, y fin de la historia. No caben más insinuaciones.

MAIRTIN. Bueno, pues eso, esa era la insinuación a la que me refería, en fin, lo de conducir borracho. ¿Qué insinuación creía que estaba haciendo?

MICK. *(Pausa.)* ¿Esa era la insinuación a la que te referías?

MAIRTIN. Sí. *(Pausa.)* Qué creía que...

MICK. Pues incluso esa insinuación tiene siete años, y te pones a echarme en cara tus puñeteras...

MAIRTIN. ¿Pues no es mejor eso que lo que hace la mayoría? Que le sonríen hasta que se aleja un kilómetro y se ponen a hablar a sus espaldas. Al menos dice algo de mí. Soy honesto.

MICK. *(A Mary.)* ¿La gente habla a mis espaldas?

MARY. Qué van a hablar. Este, que es un tontolaba con mucha caradura.

MAIRTIN. ¿Ahora soy un tontolaba? ¿Que no hablan a sus espaldas? Ajá. Entonces hablarán de otro tipo que estampó a su mujer contra un muro. Me habré confundido. Como siempre.

Mick. *(Pausa. En voz baja.)* Vete de esta casa, Mairtin Hanlon.

Mairtin. Me iré de esta casa, porque hay que ver qué recibimiento después de venir hasta aquí con el mensaje del puñetero Welsh, Walsh, Welsh. No solo no se me recibe bien, sino que encima se me agradece con un chorro de aguardiente que casi me deja sin ojos, por no mencionar las cosas que me ha llamado, y los insultos a las cenas de mi mamá. Ajá. *(En la puerta.)* Uhm... ¿tendrán en la iglesia una pala para mí, Mick, que no tengo?

Mary. Tu padre tiene que tener palas a espuertas.

Mairtin se fija en el filo de algunas de las herramientas de la pared del fondo.

Mairtin. Mi padre no tienen palas a espuertas. Tiene espuertas a espuertas. Nada de palas. La única pala que tiene son los mangos de dos palas, y nada más que los mangos, que es algo a lo que no se puede llamar pala. De espuertas tiene un montón, y no sé por qué, porque para qué las necesita. Siempre hace más falta una pala que una espuerta. Vamos, digo yo.

Mick. Tendrán una pala en la iglesia.

Mairtin. ¿Tendrán una pala en la iglesia? Pero harán falta dos palas. Una para cada uno...

Mick. Tendrán dos palas.

Mairtin. ¿Está seguro? No quiero hacer todo el camino para...

Mick. Mairtin, ¿quieres hacer el favor de irte a tu puñetera casa?

Mairtin. ¿Mi puñetera casa, eh? Me iré a mi puñetera casa, está bien. No hace falta que me lo pida dos veces.

Mick. ¡No, si cinco veces hay que pedírtelo!

Mairtin. *(Según sale.)* Ajá, no hace falta que me lo pida dos veces.

Mary. *(Pausa.)* Qué lengua que tiene.

Pausa. Se beben el aguardiente, mirando fijamente el fuego.

Mick. ¿Es verdad, Mary?

Mary. Es verdad el qué, Mick.

Mick. Que hablan a mis espaldas.

MARY. Nadie habla a tus espaldas. No es más que un tontolaba, y, si no es un tontolaba, un granujilla, y ambos sabemos que es verdad.

MICK. Ya.

MARY. ¿No te acuerdas de cuando puso el tebeo del hombre lobo encima de la señora Dunphy, que a punto estuvieron de ponerle los clavos al ataúd antes de que nos diéramos cuenta?

MICK. Ya.

MARY. Si se hubiera salido con la suya, figúrate. *(Pausa.)* El muchacho es un granujilla y nada más, y lo admito incluso aunque sea mi propio nieto. Es un granujilla con mucha caradura. No le des más vueltas.

MICK. Ya. *(Pausa.)* Ya, supongo que tienes razón.

MARY. Pues claro que tengo razón.

MICK. Ya.

MARY. ¿Verdad? Pues eso. No cabe duda.

MICK. No cabe, no, supongo. No. *(Pausa.)* No. *(Pausa.)* Y no ha habido más insinuaciones sobre mí, aparte de esas...

MARY. No ha habido más insinuaciones, Mick. *(Pausa.)* Ninguna en absoluto. *(Pausa.)* Todos sabemos el tipo de hombre que eres, Mick Dowd.

Mick la mira de refilón.

MICK. Ya... Eso es verdad.

Mary le sonríe ligeramente. Los dos se quedan mirando fijamente el fuego otra vez.

Telón.

ESCENA 2

Un cementerio pedregoso por la noche, iluminado de manera inquietante por unas pocas lámparas desperdigadas alrededor. Dos tumbas con lápidas sobre una pequeña pendiente en el centro. Al principio de la escena, la tumba de la derecha está en proceso de ser excavada por Mick, que está metido dentro hasta la cintura, sacando a paladas la tierra. Mairtin deja en el suelo su pala, se sienta apoyándose sobre la lápida de la derecha y se enciende un cigarrillo.

MAIRTIN. Voy a hacer un descanso y fumarme un cigarrillo.

MICK. ¿Un descanso de qué? Si no has hecho nada.

MAIRTIN. He hecho un poquino.

MICK. Mis cojones un poquino.

MAIRTIN. Y además tengo una ampolla y no dije nada.

MICK. No dijiste nada, pero bien que lo dices ahora.

MAIRTIN. Por si se me acusaba de quejica. *(Pausa. Mirando a la tumba de al lado.)* De todos modos, ¿cuándo vamos a empezar con la parcela de su parienta? No hacemos más que dar vueltas para evitarla me parece a mí.

MICK. Vamos en orden. No vamos a saltarnos dos.

MAIRTIN. ¿Saltarnos dos? Si no hacemos más que saltar, si se me permite opinar. *(Pausa.)* Voy a ir empezando con la tumba de su parienta.

MICK. ¿Ah, sí?

MAIRTIN. Pues sí, a lo mejor.

Mairtin coge la pala y camina despacio por delante de Mick hacia la tumba de Oona. Mick deja de trabajar y lo mira amenazadoramente. Mairtin le da un golpecito al suelo con el pie, luego levanta la pala como si fuera a empezar a cavar.

MICK. Toca un solo grano de esa tierra, Mairtin Hanlon, y te prometo que va a ser dentro de esa tumba donde vas a estar, y no sobre ella.

Mairtin sonríe, deja la pala a un lado y se sienta apoyándose sobre la lápida a su espalda.

MAIRTIN. ¿Ahora amenaza con asesinarme, Mick, y encima con su parienta al lado?

MICK. De asesinato nada, porque sería en defensa propia, para protegerme de tus parloteos interminables, que pareces una puñetera gallina. Le estaría prestando un servicio a la comunidad.

MAIRTIN. ¿Un servicio a la comunidad? Según dicen ya prestó un servicio a la comunidad.

MICK. ¿Qué servicio?

MAIRTIN. El servicio a la comunidad que hizo para que le soltaran de la cárcel antes de tiempo.

MICK. Y vuelta la burra al trigo.

Mick se pone a cavar otra vez.

MAIRTIN. Es una forma de hablar.

MICK. ¿Ahora tratas de hacerte el listo?

MAIRTIN. Bueno, como le digo a Sheila Fahey, no tengo que tratar de hacérmelo, porque *soy* listo.

MICK. ¿Listo, dices? ¿Pues no van diez veces que suspendes la Selectividad? ¿O son once?

MAIRTIN. Una sola vez.

MICK. Ah. ¿Con que una sola vez?

MAIRTIN. La otra vez coincidió con mi injusta expulsión.

MICK. ¿Tu injusta expulsión? Ajá. ¿Y el gato que cociste vivo en biología?

MAIRTIN. Ese no fui yo, Mick, y lo sabían perfectamente que no fui yo, que además, ¿no me readmitieron cuando el ciego Billy Pender se atrevió a confesar? Y sin recibir ninguna disculpa por su parte.

MICK. El retrasado de Billy Pender, pobre muchacho, a quien evidentemente no influiste en su confesión.

MAIRTIN. Y, para su información, de todos modos fue un hámster.

MICK. Para informarme no te necesito a ti.

MAIRTIN. No, claro.

MICK. Eso ya te lo digo yo.

MAIRTIN. *(Pausa.)* Vamos a ir empezando con la tumba de su parienta, Mick.

MICK. *(Pausa.)* Empezaremos cuando hayamos acabado con esta. Y cuando llegue la policía.

MAIRTIN. ¿Cuando llegue la policía? Ah. ¿Entonces hay una ley que dice que no puede desenterrar a su mujer si no están aquí los polis?

MICK. Algo así. En cualquier caso la policía habló conmigo, y dijo que mejor me asegurara de no empezar antes de que llegaran. Para evitar las malas lenguas y todo eso.

MAIRTIN. ¿Por qué las malas lenguas?

MICK. No lo sé. La gente habla por hablar.

Suena la pala de Mick al golpear la madera podrida al fondo de la tumba.

MAIRTIN. ¿Ya ha llegado?

MICK. Pásame el saco.

Mairtin salta de donde está y se asoma a la tumba. Suena el ruido que produce Mick al hacer palanca en la madera podrida con su pala. Recoge los trocitos de madera y los lanza fuera de la tumba.

Mairtin se mueve a un lado y a otro para ver mejor el cadáver.

MAIRTIN. Ayayay, hay que ver cómo está. ¿Quién es? *(Mirando hacia atrás.)* Daniel Faragher. Ni idea.

MICK. Yo lo conocía de hola y adiós.

MAIRTIN. ¿Lo reconoce?

Mick mira a Mairtin como si fuera imbécil.

MAIRTIN. No por su cráneo pelado, no, claro. Aunque aún conserva un mechón de pelo ahí, mire. Parece una muñeca gigante.

MICK. ¿Una qué?

MAIRTIN. Una muñeca gigante. Como con las que juegan las niñas.

MICK. Con esta muñeca no va a jugar ninguna niña.

MAIRTIN. No, si ya. Era un decir. ¿Cuántos años tendría?

MICK. Tendría...

MAIRTIN. No, déjeme adivinarlo, anda.

MICK. Adelante.

MAIRTIN. Una libra si acierto.

MICK. Y una libra para mí si te equivocas.

MAIRTIN. Hecho. *(Le echa un vistazo a la lápida y calcula.)* Tenía... como sesenta y siete.

MICK. Mal. *Setenta* y siete tenía. Me debes una libra.

Mairtin vuelve a mirar la lápida, recalcula usando los dedos y se da cuenta de su error.

MAIRTIN. Mierda.

MICK. Y pásame el saco, por centésima vez.

Mairtin desaparece mascullando tras las lápidas.

MAIRTIN. Joder con el puñetero saco...

... y vuelve con un saco de tela grande, negro y sucio, medio lleno con los huesos y cráneos de dos cadáveres. Mairtin se lo pasa a Mick.

MAIRTIN. Páseme ese cráneo, Mick. Solo para comparar.

Mick le da el cráneo con el mechón de pelo, luego empieza a meter los huesos de la tumba en el saco, sin quitarle ojo a Mairtin mientras este se dedica a hacer el tonto con los cráneos, colocándoselos contra el pecho como si fueran tetas o haciendo que se den un beso.

MAIRTIN. Los cráneos son una cosa de la ostia. Cuesta creer que tengamos uno de estos dentro de la cabeza.

MICK. Cuesta creer que *tú* tengas uno de esos, y con el cerebro correspondiente.

MAIRTIN. ¿Así que ahora no tengo cerebro, eh? También tengo un cerebro, y uno bien grande.

MICK. Anda que ponerlos a darse besitos. Como una puñetera colegiala.

MAIRTIN. *(Pausa.)* ¿Cuándo ha visto usted a una puñetera colegiala poner dos cráneos a darse besitos?

MICK. *(Pausa.)* Es una forma de hablar.

MAIRTIN. ¿Qué puñetera colegiala va a poder echarle mano a un cráneo?

Mete los dedos en las cuencas oculares de los cráneos.

MAIRTIN. Les puedes meter un dedo directamente en los ojos.

MICK. *(Pausa. Confuso.)* ¿En los ojos de una puñetera colegiala?

MAIRTIN. ¡En los ojos de un cráneo! ¿Por qué le vas a meter un dedo en el ojo a una colegiala?

MICK. Y yo qué sé.

Mairtin le devuelve los cráneos a Mick, que los mete en el saco, y luego se agacha y mira la tumba.

MAIRTIN. Oye, Mick.

MICK. Qué.

MAIRTIN. ¿Y la cosita a dónde va?

MICK. ¿Eh?

MAIRTIN. ¿La cosita a dónde va? Cuando te mueres, digo. Ninguno tiene sus cositas. Que he mirado.

MICK. Ya lo sé que has mirado. ¡Y a las mujeres también! Me parece que para eso te has apuntado, para poder echarles un vistazo. No verás muchas vivas.

MAIRTIN. Unas cuantas he visto.

MICK. ¿Unas cuantas pollas, Mairtin?

MAIRTIN. ¡De lo otro, lo sabe perfectamente!

MICK. ¿En serio no sabes a dónde van? ¿No te lo han dicho?

MAIRTIN. No.

MICK. ¿No te lo han contado en catequesis?

MAIRTIN. No. Me salto un montón de clases. No hacen más que hablar de Jesucristo.

MICK. Por eso no lo sabes. ¿Pues es que no está prohibido por la fe católica enterrar un cadáver con el pito aún unido? ¿No sabes que es un pecado a los ojos del Señor?

MAIRTIN. *(Incrédulo.)* No...

MICK. ¿Pues no te lo cortan cuando estás metido en el ataúd y se lo venden a los chatarreros[48] para que le den de comer a los perros?

48 En el original, *tinkers*, ver nota 31 en página 45.

MAIRTIN. *(Horrorizado.)* ¡Sí hombre!

MICK. Y, durante la hambruna,[49] ¿no dejaron los chatarreros de echárselas a los perros y empezaron a probar la mercancía ellos mismos?

MAIRTIN. Sí, hombre, anda, Mick...

MICK. Se los veía por ahí, montados a caballo, dándoles mordisquitos.

MAIRTIN. No...

MICK. Ese es el problema de los jóvenes hoy día, que no sabéis ni papa de historia irlandesa.

Mick se sonríe. Mairtin, asqueado, se da cuenta y empieza a dudar.

MAIRTIN. No es verdad.

MICK. Tan verdad como que me llamo Mick.

MAIRTIN. Subiré y se lo preguntaré al puñetero Walsh, Welsh, en la iglesia. Seguro que él lo sabe.

MICK. Adelante.

MAIRTIN. ¿Eh?

MICK. Adelante, ve y pregúntaselo.

MAIRTIN. Iré y se lo preguntaré.

MICK. Pues ve.

MAIRTIN. *(Pausa.)* ¿Y le pregunto si les cortan los pitos y se los dan a los chatarreros?

MICK. Eso.

MAIRTIN. *(Pausa.)* Pienso ir.

MICK. Pues ve.

MAIRTIN. Voy. No hace falta que me lo diga dos veces.

Mairtin sale lentamente por la izquierda. Mick se sonríe, luego sale de la tumba tras haber recogido todos los huesos, levanta el saco y lo deja a un lado. Camina lentamente hacia la izquierda hasta la tumba de su

49 La Gran Hambruna, también conocida como la hambruna de la patata, un periodo entre 1845 y 1849 durante el cual un millón de irlandeses murieron de hambre y otro millón emigró, sobre todo a Estados Unidos e Inglaterra, por culpa de malas cosechas de patatas debido a plagas, la mala situación del campesinado irlandés y la gestión de Gran Bretaña.

esposa y se queda mirándola durante un rato, las manos en los bolsillos. Entra el policía, Thomas Hanlon, por la derecha, vestido de uniforme y dándole chupadas a intervalos a un cigarrillo y a un inhalador de asma.

THOMAS. ¿No ha empezado?

MICK. No he empezado.

THOMAS. ¿Qué hace entonces?

MICK. La miro.

THOMAS. Ah, bueno. Pues no pasa nada. *(Pausa.)* Un lío en el salón de Riordan, por eso llego tarde. Una pelea de dos mujeres y un hombre.

MICK. ¿Se peleaban las dos mujeres con el hombre o quién se peleaba con quién?

THOMAS. Las dos mujeres se peleaban la una con la otra y todo iba bien hasta que este viejales se entrometió y dijo: «No está bien que las mujeres se peleen, basta ya». ¿Pues no lo tumbaron y se pusieron a patearlo por turnos?

MICK. Le está bien empleado. Qué más le daba a él que se pelearan. Anda que no me gusta a mí una buena pelea entre mujeres.

THOMAS. Yo igual, me encanta una buena pelea entre mujeres, aunque no puedo decirlo cuando estoy de servicio, claro. Los arrestamos a todos, en fin. El viejales no se lo podía creer. Se echó a llorar. Lloraba y lloraba sin parar. Y Johnny Doyle le dijo: «Le pienso arrear un sopapo como no pare». Pero ni aun así.

MICK. ¿Así que le arreó un sopapo?

THOMAS. No, no, hombre. No se puede uno poner a dar sopapos a los viejales aunque lloren.

MICK. Supongo que no se puede, no.

THOMAS. Claro que no. Algún día también nosotros seremos unos viejales.

MICK. *(Pausa.)* Iré empezando con esto, pues.

THOMAS. Adelante, cuando quiera, toda suya.

Mick empieza a cavar en la tumba de su mujer. Thomas se sienta apoyado en la lápida de la derecha y echa un vistazo al interior del saco negro, haciendo una mueca.

THOMAS. Qué trabajo más puñeteramente morboso, Mick.

MICK. Es un trabajo que hay que hacer.

THOMAS. Puñeteramente macabro.

MICK. Un trabajo que hay que hacer y punto. ¿Pues no hace falta espacio?

THOMAS. Estoy seguro de que hay otras maneras. Fomentar la incineración es lo que debería hacer la iglesia. No todo esto.

MICK. ¿Quién de por aquí va a querer que lo incineren? Nadie.

THOMAS. Sería mejor que esto año sí y año también.

MICK. Pues entonces convéncelos tú. *(Pausa.)* ¿No te topas con cosas mucho más morbosas en el trabajo todos los días? Personas que llevan muertas solo unos minutos, y no siete años.

THOMAS. ¿Cuándo me he topado yo con personas muertas solo unos minutos?

MICK. ¿No? Ah. Pensé que tal y como lo cuentas, tu trabajo era algo así como *Canción triste de Hill Street.*[50] Cadáveres por todos lados.

THOMAS. *Ojalá* hubiera cadáveres por todos lados, pero no pasa nunca.

MICK. Pues vete más al norte. Por allí no te irá mal. Ponte a rondar una casa de apuestas o algo así.[51]

THOMAS. Ah, pero en esas gilipolleces no hace falta hacer trabajo de detective. Le hablo de trabajo de detective. Ya sabe, como en *Quincy.*[52]

MICK. Ah, como en *Quincy. (Pausa.)* ¿Entonces nunca has visto a un cadáver? ¿Un cadáver reciente?

THOMAS. El único cadáver que he visto fue el de un fulano en un bloque de apartamentos en la carretera de Shannon. El cabrón más gordo que haya visto en su vida. Unas tetas así de grandes. Sentado, sin ropa, en su sillón. Sin ropa, ¿me oye? Con la televisión encendida. Un infarto, dijo el médico. Pues perfecto. El sabrá. Pero le eché un vistazo a la nevera del gordo. Una nevera enorme, de casi dos

50 *Hill Street Blues,* una serie policial de televisión estadounidense de los años ochenta sobre una unidad de policías.

51 En 1992 dos asaltos por parte de los paramilitares lealistas en dos casas apuestas en un barrio católico de Belfast acabaron con ocho víctimas mortales y veintidós heridos.

52 Otra serie policial estadounidense de los ochenta, en este caso protagonizada por un médico forense.

metros. ¿Qué tenía dentro? Un bote de mermelada y una lechuga. ¿Eh? Y nada más. Un bote de mermelada y una lechuga en la nevera del hombre más gordo que haya visto en su vida. ¿No le parece sospechoso? Lo puse en el informe y se me rieron a la cara. ¿Y lo de mirar la televisión en cueros? ¿No le parece sospechoso?

MICK. *(Pausa.)* ¿Qué época del año era?

THOMAS. ¿Qué época del año? No lo sé...

MICK. Si era pleno verano, y no estaba esperando visitas, podría muy bien explicar lo de estar en cueros.

THOMAS. *(Pausa.)* Podría muy bien explicar lo de estar en cueros, sí. ¡No podría explicar la completa ausencia de comida en su nevera de dos metros! ¿Eh?

MICK. En eso tienes razón.

THOMAS. Tengo razón, sí. Sé que tengo razón. ¿Con lo que tenía que comer ese tipo? ¡Con una lechuga y un bote de mermelada no tenía ni para empezar! Pues se me rieron a la cara. *(Pausa.)* ¿Dónde anda el renacuajo, a todo esto?

MICK. Ha subido a la iglesia. Le dije que le preguntara al cura si es verdad que la Iglesia les reparte los pitos de los muertos a los chatarrerillos que pasan para que jueguen.

THOMAS. No habrá ido...

MICK. Ha ido.

THOMAS. Me cago en la leche, es más bruto que un arao. Pero ¿qué les enseñan en el colegio hoy en día?

MICK. No sé qué les enseñan. A cocinar gatos, les enseñan.

THOMAS. A cocinar gatos, sí. No. Fue un hámster.

MICK. Lo mismo me da que me da lo mismo.

THOMAS. ¿Cómo dice?

MICK. Lo mismo me da que me da lo mismo, dije.

THOMAS. No es lo mismo, ¿cómo va a ser lo mismo? Un gato es un gato, un hámster es un hámster.

MICK. ¿Vale la pena discutir por eso?

THOMAS. Yo solo digo. *(Pausa.)* Un hecho es un hecho. Es lo mismo en el trabajo de detective. No importa lo pequeño que parezca un detalle, no puedes ponerte a mezclarlo con otros detalles como si fueran lo mismo. Así que tampoco se puede mezclar gatos y hámsteres. Esas cosas marcan la diferencia entre resolver o no resolver un caso.

MICK. No, ya, ya me imagino que la marcan, claro.

Mick vuelve a ponerse a cavar.

THOMAS. La marcan. ¿Cómo no la van a marcar? Pues claro. *(Pausa.)* ¿Cuánto ha bajado?

MICK. He bajado un buen trecho. Qué raro, esta tierra es fácil de cavar...

Mairtin regresa, enfadado, frotándose la mejilla.

MAIRTIN. ¡Una puta bofetada de revés me ha dado el muy desgraciado, me cago en Dios!

Mick y Thomas se ríen.

MAIRTIN. ¿De qué puñelas os reís, putos gilipollas?

THOMAS. Deja de decir palabrotas, Mairtin. No en el cementerio. Es contrario a Dios.

MAIRTIN. ¿Contrario a Dios, dices?

THOMAS. Lo es.

MAIRTIN. ¡Pues que le den a Dios! ¡Y a su madre también!

Mick y Thomas reprenden a Mairtin, Thomas se pone en pie.

MICK. ¡Ey...!

THOMAS. Basta, Mairtin. Como sigas así te vas ganar una zurra, y será una zurra bastante más dura que la que te dio ese curita.

MAIRTIN. Anda, vete a la mierda.

THOMAS. Una buena zurra será.

MAIRTIN. No, si te creo. ¿No sois los polis expertos en zurrar a los rapaces? ¿No os dan un plus por eso?

Mick continúa cavando.

THOMAS. ¿A qué rapaces les he dado yo una zurra?

Mairtin. A Ray Dooley para empezar, y si no fuiste tú entonces tus putos compañeros.

Thomas. ¿Qué dices de Ray Dooley?

Mairtin. ¿No acabó en el hospital del condado diez minutos después de que lo arrestaras?

Thomas. Y tanto, el muy borracho, con un pie roto. Se le ocurrió darle una patada a la puerta de la celda y se le olvidó que no llevaba puestos los zapatos.

Mairtin. Ya, eso dices *tú*. Eso es lo que dices *tú*.

Thomas. *(Pausa.)* Como sea, el quid de la cuestión es que no hay que maldecir a Dios en un cementerio.

Mairtin. Claro, y no ir por ahí vulnerando los derechos humanos de la gente es el otro quid de la cuestión. Los policías están para servir a la gente, no al revés, para que lo sepas.

Thomas. Veo que has estado prestando atención en clase de sociología, Mairtin.

Mairtin. Sí que he prestado atención.

Thomas. Me alegro. ¿Sigue dándola la señorita Byrne, la de las minifaldas?

Mairtin. ¡No pienso aguantar bromitas de alguien como tú!

Mick. Pues vuelve al puñetero trabajo, y ponte a rellenar esa.

Mairtin chasquea la lengua y se dirige a la tumba de la derecha con su pala. Empieza a rellenarla con tierra.

Mairtin. *(A Thomas.)* No veo que a él le digas nada cuando dice «puñetero» en el cementerio. ¿Solo te atreves a gritarle a los niños?

Thomas. Exactamente. Solo a los niños.

Mairtin. No, si ya lo veo.

Thomas. Es mi especialidad.

Mairtin. Ya lo sé. *(Pausa. Entre dientes.)* Pues especialízate en mi ojete.

Mairtin continúa echando paladas de tierra desde el borde de la tumba. Thomas se coloca rápidamente detrás de él y lo tira dentro de un empujón. Mairtin da un grito. Mick y Thomas se ríen y le arrojan tierra a patadas. Mairtin rápidamente trepa desde el ataúd podrido del fondo.

MAIRTIN. Eres un puto gilipollas, Thomas. Un puto gilipollas y nada más que un puto gilipollas.

THOMAS. *(Riéndose.)* ¿Qué te he dicho de ese lenguaje?

MAIRTIN. Me voy a mi puta casa.

THOMAS. No te vas a ir a tu puta casa. Le dije a papá que te diera una zurra si volvías a casa antes del amanecer. Así que aquí te quedas.

MAIRTIN. La tenéis tomada conmigo, vosotros dos.

THOMAS. Ay, el bebito se va a poner a llorar. Échale una mano a Mick, so quejica, o le diré al puñetero Welsh que te recorte el sueldo.

MAIRTIN. *(Pausa.)* ¿Necesita que le ayude a cavar ahí, Mick?

MICK. No. Tú sigue rellenando esa otra.

Mairtin se dispone a hacerlo. Encuentra un cigarrillo, se acuesta dentro de la tumba y se lo enciende.

THOMAS. *(Pausa.)* ¿No se pone nervioso ahí, Mick? Yo estaría nervioso de volver a ver a mi mujer después de tanto tiempo.

MICK. ¿Por qué iba a estar nervioso?

MAIRTIN. *(Asomando la cabeza de la tumba.)* Eso, ¿por qué iba a estar nervioso?

THOMAS. No, no. Por nada.

MICK. Por nada de nada, eso es.

THOMAS. Bueno, qué sé yo. Pensé que a lo mejor se pondría nervioso de ver de nuevo a su mujer con las cosas que le rondan la cabeza.

MICK. ¿Qué cosas me rondan la cabeza?

MAIRTIN. *(Asomando la cabeza de la tumba.)* Eso, ¿qué cosas le rondan la cabeza?

THOMAS. Yo qué sé. No tengo ni idea. Cosas.

MICK. No me ronda nada la cabeza.

THOMAS. Pues bueno. Era un decir.

MICK. ¿Qué cosas dices que me rondan la cabeza?

THOMAS. No, ninguna. Ninguna. Si solo estamos hablando.

MICK. Hablando mis cojones. ¿Tienes algo que decirme?

THOMAS. No, no, claro que no...

MICK. Porque, si las tienes, adelante. Escúpelas. ¿Lo de conducir borracho dices?

THOMAS. No decía nada, anda, Mick.

MICK. ¿Te parece normal hacer insinuaciones...?

THOMAS. No hacía ninguna insinuación...

MICK. ¿Con la familia de idiotas y palurdos que tienes?

MAIRTIN. *(Asomando la cabeza de la tumba.)* ¿Quién es un idiota y un palurdo? ¿Se refiere a mí, Thomas?

THOMAS. A ti, sí.

MAIRTIN. *(Pausa. Asomando la cabeza de la tumba.)* ¿Cómo sabes que se refiere a mí? Podría ser a ti o a papá o a cualquier otro.

THOMAS. ¿A quién se refería, Mick?

MICK. A él.

THOMAS. *(A Mairtin.)* ¿Ves?

MAIRTIN. ¡Gilipollas!

THOMAS. Mire, Mick, ha insultado al pobrecito Mairtin, ha insultado a mi familia, por poca cosa que sea, así que ahora me veo obligado a responderle con un insulto. Así es como funcionan estas cosas.

MICK. Tú eres el que empezó con los insultos.

THOMAS. No, Mick, no. En esto tengo que discrepar con usted. Es usted el que empezó con los insultos. Yo fui el que empezó con las vagas insinuaciones.

MICK. Lo mismo me da que me da lo mismo.

THOMAS. ¿Cómo dice?

MICK. Lo mismo me da que me da lo mismo, dije.

THOMAS. No es para nada lo mismo, y si supiera algo de leyes entonces sabría que no es lo mismo. Así que ahora tengo que convertir mis vagas insinuaciones en algo más parecido a un insulto, y así estaremos a mano...

MAIRTIN. *(Asomando la cabeza de la tumba. A Mick.)* ¡Su madre era una tortillera y su padre era un mariquita y cómo acabaron teniéndole a usted es un puto misterio del universo!

Mick y Thomas se quedan mirando fijamente a Mairtin durante unos instantes. Mairtin aparta la mirada, avergonzado. Pausa.

THOMAS. No, lo que iba a decir era... alguna insinuación del estilo de... No es que le acuse de nada, dese cuenta... pero quizás las heridas en la cabeza de su mujer hace tantos años no casaran particularmente con que habían sido producidas solo por un accidente de tráfico, y quizás...

MICK. *(Enfadado.)* ¡Todo eso salió a colación en su momento, Thomas Hanlon, y la investigación lo refutó palabra por palabra!

THOMAS. Ya sabe, que quizás ya estaba muerta antes de que la estampara contra el muro, este tipo de insinuaciones, vaya. Pero nada más fuerte.

MICK. ¡Retíralo, Thomas Hanlon!

THOMAS. Yo solo lo sugiero.

MICK. Retíralo palabra por palabra, porque como me hagas salir de esta tumba, poli o no poli...

THOMAS. Retire lo de idiotas y palurdos, y con gusto retiraré lo mío.

MICK. Retira tú primero lo que has dicho.

THOMAS. No, mire. Usted dijo sus cosas primero, es justo que también las retire primero.

MICK. No había ninguna necesidad de nada de esto.

THOMAS. En eso estamos de acuerdo.

MICK. De ninguno de estos insultos. *(Pausa.)* Retiro lo de idiotas y palurdos.

THOMAS. Entonces retiro lo de asesino de mujeres.

Mairtin se ríe a carcajadas, medio sorprendido, medio orgulloso, mientras Mick y Thomas se quedan mirándose el uno al otro.

MAIRTIN. ¿Es verdad todo eso?

MICK. No hice más que conducir borracho, Thomas, y lo sabes perfectamente.

THOMAS. Lo sé perfectamente, y he retirado mis acusaciones. Sinceramente.

MAIRTIN. ¿Es verdad, Thomas?

THOMAS. Claro que no es verdad, Mairtin. ¿Pues es que no me has oído? Me lo estaba inventando.

MAIRTIN. *(Confuso.)* Creí que decías que era verdad.

THOMAS. Para nada. Solo conducía borracho, como dice Mick.

Mick y Thomas se quedan mirándose unos segundos, luego Mick sigue cavando.

MAIRTIN. Ah... Pues qué decepción.

THOMAS. ¿Por qué está el bebito decepcionado?

MAIRTIN. Me habías hecho pensar en que estaba trabajando codo con codo con un tipo al que le había dado por asesinar a su mujer con un hacha o algo así, cuando lo único que pasó es que conducía borracho. ¿Pues no los hay a cientos? ¿No sería difícil encontrar a alguien por aquí que no haya matado a una persona conduciendo borracho? O si no a una persona, a un ternero, o al menos a un perro. ¿No mató el viejo Marcus Rigby a unos gemelos con su tractor, que tenía más de setenta años y los mató?

THOMAS. No, no mató a nadie.

MAIRTIN. ¿No? ¿Entonces quién fue el que mató a unos gemelos con su tractor? Alguien fue.

THOMAS. No. Solo te lo conté cuando tenías doce años para que te apartaras de la carretera con la bicicleta cuando se acercara un tractor.

MAIRTIN. *(Pausa.)* ¿Que lo de los gemelos era mentira?

THOMAS. Si tuvieras un poco de sentido común... ¿Cuándo has visto tú unos gemelos por aquí?

MAIRTIN. Pensé que los gemelos eran unos americanos que habían venido a ver dónde habían rodado *El hombre tranquilo* y se habían perdido.

THOMAS. Pues pensaste mal. Dije lo de que eran gemelos para que pensaras que si un tractor se había cargado a dos rapaces sería el doble de probable que un tractor te matara a ti, que solo eras uno.

MAIRTIN. *(Enfadado.)* Así que me pasé todos esos años metiéndome con la bicicleta por entre los arbustos y por montones de mierda, y todo por los pobres gemelos destrozados que no me quitaba de la cabeza, ¿y era por nada?

THOMAS. *(Riéndose.)* Exactamente, por nada.

MAIRTIN. ¡Eres un puto hijo de puta, Thomas Hanlon, y nada más que un puto hijo de puta!

THOMAS. Sigues vivo, en todo caso, y eso es lo que importa. ¿Sabes cuántos rapaces de ocho años murieron por caerse en los pozos de estiércol solo el año pasado en Irlanda?

MAIRTIN. ¡No lo sé! ¡Y no me importa una mierda!

THOMAS. Catorce. Catorce pobres rapaces.

MAIRTIN. ¡Pues estupendo! ¡Que les aproveche!

THOMAS. Y ahogarse en el estiércol, Mairtin querido, no es la mejor manera de irse de este mundo. Ya te lo digo yo.

MAIRTIN. ¡Me cago en lo de ahogarse en el estiércol, y me cago en sus madres también...!

MICK. *(Interrumpiéndole.)* Eso no es verdad, ¿no, Thomas? ¿Los catorce rapaces ahogados en el estiércol?

THOMAS. Y tanto que es verdad. *(Pausa.)* No todos a la vez, claro.

MICK. No.

THOMAS. No todos en el mismo pozo, claro. Por separado.

MICK. Por separado. En diferentes partes del país, vaya, y en ocasiones diferentes.

THOMAS. Sí. Son datos de la Oficina Central de Estadística. Tienen unas estadísticas de la hostia. Mueren más niños en pozos de estiércol de los que mueren bajo las cosechadoras. Solo murieron siete bajo las cosechadoras.

MICK. Ya, claro. Porque hay más gente con pozos de estiércol que con cosechadoras.

THOMAS. Eso es cierto.

MICK. Solo la gente rica tiene cosechadoras. Y sus hijos son menos tontos.

THOMAS. Cierto.

MICK. Tienes que ser tonto para andar metiéndote en el estiércol.

THOMAS. Tienes que ser tontísimo.

MAIRTIN. *(Enfadado.)* ¡Esta conversación no iba de meterse o no meterse en el estiércol! ¡Esta conversación iba sobre mentir sobre unos gemelos muertos!

Mientras habla, Thomas vuelve a empujar a Mairtin a la tumba y le lanza tierra a patadas.

THOMAS. Deja ya de marear con lo de los gemelos muertos, so mamón, que no eres más que un mamón.

MAIRTIN. ¿A ti te parece normal tirarme tierra a patadas? Y... ¿y llamarme mamón, te parece normal?

THOMAS. Me lo parece. Me alegra que te des cuenta.

MAIRTIN. Eso habrá que verlo, puto...

THOMAS. Ay, pobrecito. El bebé está enfadado...

Mairtin empieza a trepar por un lado de la tumba para alcanzar a Thomas, que saca la porra. En el momento en que Mairtin se pone en pie, se oye el sonido de la pala de Mick haciendo astillas el ataúd podrido bajo sus pies.

MICK. He llegado.

Mairtin y Thomas se miran fijamente un momento, luego se olvidan de su pelea y se asoman por encima de Mick a la tumba. Mick se agacha, por lo que queda casi oculto, para tirar de los tablones podridos.

THOMAS. Prepárese, Mick. Va a darle impresión.

MICK. Los tablones están... raros. Los tablones estaban ya abiertos, ¿o será solo que estaban podridos?

Mick arroja fuera algunos trozos de madera podrida.

THOMAS. Cave un poco más por ese lado, Mick.

Mick coge la pala y le quita un poco más de tierra al ataúd. Tras algunos segundos, el sonido se vuelve más frenético.

MICK. Pero ¿qué...? Pero ¿qué...?

THOMAS. ¿Está...?

MAIRTIN. Qué movida.

Mick arroja la pala fuera de la tumba y se agacha de nuevo, esta vez para quitar desesperadamente la tierra del ataúd con sus propias manos.

MICK. *(Frenético.)* ¿Dónde está...? ¿Dónde está...?

THOMAS. *(En voz baja.)* ¿No está...?

MICK. *(A gritos, con la voz casi rota.)* ¡No está aquí!

Deja de oírse a Mick quitando tierra. Pausa. Se levanta, sucio y despeinado, mirando el ataúd como atontado.

MICK. *(En voz baja.)* No está aquí.

Pausa. Oscuro.

ESCENA 3

De noche, un día o dos después. Mismo escenario de la Escena 1. Hay cráneos y huesos sobre la mesa en frente de Mairtin, que los mira en cuclillas, balanceándose, borracho, e hinchando los carrillos y resoplando. Tiene un mazo en una mano y una botella medio vacía de aguardiente en la otra, a la que de vez en cuando da unos sorbos con cara de asco. Se oye a Mick trasteando en una caja de herramientas fuera del escenario. También está borracho.

MICK. *(Fuera.)* Tiene que haber otro por aquí en algún lado.

MAIRTIN. ¿Para qué quiere un puñetero martillo, Mick?

MICK. Mazos. Se llaman mazos.

MAIRTIN. Aaah. *(Pausa.)* Los cráneos dan más miedo sobre esta mesa que en su ataúd. ¿Por qué? No sé por qué. Alguna razón habrá.

MICK. ¿Te dan miedo, mocoso?

MAIRTIN. No me dan miedo. Bueno vale, un poco de miedo sí que me dan. ¿Me piensa dejar aquí solo mucho más rato?

MICK. En cuanto encuentre el puñetero mazo estoy contigo. Porque supongo que no me vas a ayudar a buscarlo.

MAIRTIN. *(Distraído.)* No. *(Pausa.)* ¿No le parecen unos malparidos y unos salvajes los que le robaron a la parienta?

MICK. Lo son. Y como les eche mano a esos cabrones van a ver quién soy.

MAIRTIN. ¿Qué les hará, Mick? ¿Les dará una patada?

MICK. Algo peor que una patada.

MAIRTIN. ¿Les tirará unas piedras?

MICK. Algo peor que unas piedras.

MAIRTIN. Les tirará... ¿Unos pedruscos?... ¡Unas rocas!

MICK. ¿No habrás oído nada de quién se la llevó, Mairtin? ¿No será alguno de tus colegas, no?

MAIRTIN. Ninguno de mis colegas. ¿Para qué iban a querer mis colegas a su parienta? Mis colegas no se dedican a hacer el tonto con parientas muertas.

MICK. ¿Y podemos eliminarte a ti también de la lista de sospechosos?

MAIRTIN. Yo no estoy en ninguna lista de sospechosos. Si tuviera que desenterrar a su parienta querría que me pagaran bien por el trabajo, como usted, dinero en mano. A lo mejor la desenterraron unos chatarreros.

MICK. ¿Para qué iban a quererla unos chatarreros?

MAIRTIN. Yo qué sé. A lo mejor se esperaban otra hambruna de la patata y les apeteció algo a lo que hincarle el diente de antemano. No es que vaya a haber mucho a lo que hincarle el diente en el caso de su parienta. Un pito no, eso seguro. Hasta donde yo sé, vaya, que no la conocía a la señora. Sigo sin creerme lo de los pitos. Es una cosa horrorosa.

MICK. ¡Lo encontré, el muy puñetero!

Entra Mick, con una botella medio vacía en una mano, y un mazo en la otra, que procede a mostrarle a Mairtin.

MAIRTIN. ¿A qué jugamos entonces, Mick? ¿A ese puñetero juego de los arcos y los palos que juegan en Inglaterra con los arcos y los palos y las pelotas con las que juegan en Inglaterra, cómo se llama, con los arcos y los palos? Que juegan a eso en Inglaterra. Empieza con *c*.

MICK. Mírame a los ojos, Mairtin.

MAIRTIN. ¿Qué ojos?

MICK. *Mis* ojos.

MAIRTIN. Ah, sí, sus ojos. ¡*Croquet*!

MICK. ¿Tienes algo que ver en la desaparición de mi esposa?

MAIRTIN. ¿Eh?

MICK. ¿Tienes algo que ver en la desaparición de mi esposa?

MAIRTIN. No.

Mick se queda mirando fijamente a Mairtin durante un buen rato mientras Mairtin se tambalea ligeramente, pero sin apartar la mirada.

MICK. Me has mirado a los ojos y te creo, Mairtin. Te pido perdón por atreverme siquiera a preguntártelo.

MAIRTIN. No pasa nada.

Mick le estrecha la mano a Mairtin (agarrando el mazo y no la mano) y se acerca a la mesa.

MICK. ¿Te siguen dando miedo los cráneos?

MAIRTIN. Ahora me dan un poquito menos de miedo, pero no me vuelva a dejar solo con ellos. Cuando me pillan a solas me sonríen. Especialmente ese de ahí.

MICK. ¿Les damos una lección?

MAIRTIN. Como si se les pudiera dar una lección a unos cráneos. No tienen cerebro en el que se les quede la... la lección...

MICK. ¿La información?

MAIRTIN. La información. No tienen cerebro en el que se les quede la lección que les entra por donde la información les entra...

MICK. Los cráneos no entienden otra lección que no sea esta. *(Golpea con el mazo el cráneo que tiene más cerca, haciéndolo pedazos y esparciendo fragmentos por toda la habitación.)* Ese ya no volverá a sonreír.

MAIRTIN. ¡Lo ha dejado hecho mierda!

MICK. Pues sí. Y más hecho mierda que lo puedo dejar.

Mick empieza a reducir el cráneo a fragmentos más pequeños y a pisotear los trozos que han caído al suelo. Mairtin lo mira anonadado.

MAIRTIN. Que los dejaba hundirse en el lago dijo.

MICK. Enfrente de la gorda lo dije. Que los hago migas es más exacto. ¿Y por qué no iba a hacerlo? Si van cuchichear sobre mí año tras año, ¿qué esperan que les haga cuando acaban en mis manos si no es aporrearlos?

MAIRTIN. Y no otra cosa.

MICK. Y no otra cosa, precisamente.

MAIRTIN. ¿Puedo aporrearlos yo también, Mick? Anda, déjeme...

MICK. ¿Para qué te he invitado yo aquí martillo en mano?

MAIRTIN. ¿Puedo? Ay, mamita... Hasta luego, Daniel Faragher. Suficientes sonrisitas por hoy.

Mairtin coge carrerilla y empieza a reducir a fragmentos otro cráneo y sus huesos. Durante la mayor parte del resto de la escena, el uno o el otro sigue golpeándolos sin pausa.

MICK. Esa de ahí es Biddy Curran, no Dan Faragher.

MAIRTIN. Biddy Curran, so cucaracha, so...

MICK. Era una vieja gorda y asquerosa.

MAIRTIN. Ahora está bastante delgada, Dios la bendiga. Y más delgada que se va a quedar.

MICK. El del medio es Dan. Y Dan es mío.

Mick empieza a golpear el cráneo del medio.

MAIRTIN. Caracho, que ya lleva dos y yo solo uno, Mick. ¡Será gorrón!

MICK. No te me pongas a llorar, Mairtin. ¿Pues no te has trasquilado la mitad de una de mis botellas de aguardiente? ¿Qué gorrón ni qué gorrón?

MAIRTIN. Es verdad. *(Bebe.)* No es usted un gorrón para nada. Es un hombre muy generoso.

MICK. Puedes machacar tú también los huesos de Dan si te apetece.

MAIRTIN. Le voy a reventar la pelvis a Biddy Curran y luego lo pienso.

MICK. Estupendo.

MAIRTIN. ¿No debería poner un comosellame debajo para recogerlos?

MICK. ¿Para qué?

MAIRTIN. ¿O algo?

MICK. Si no te gusta mi método de aporrear cráneos ahí tienes la puerta.

MAIRTIN. No, si su método está estupendamente.

MICK. Tengo un recogedor y una escoba.

MAIRTIN. Ya me parecía. Hasta luego, Biddy Curran o como te llames. Total si estáis todos mezclados, pobres desgraciados de mierda.

MICK. No digas palabrotas, Mairtin, anda.

MAIRTIN. No las diré.

MICK. No mientras te ocupas de los difuntos.

MAIRTIN. ¡Esto es más divertido que cocinar hámsteres!

MICK. Lo es. Bueno, no sé si lo es o no. Nunca he cocinado un hámster.

MAIRTIN. Yo solo una vez. Y no es para tanto. Lo metes vivo y lo sacas muerto. El cabrón casi ni chilla... Quiero decir que el pobre casi ni chilla. Si el horno hubiera tenido una puerta de cristal habría sido más divertido, pero no. Tenía una puerta normal. Mi error fue no planearlo con antelación. Me pudieron las ganas. Pero esto es más divertido. ¿Darle martillazos a los cráneos es más divertido que estampar parientas contra un muro, Mick?

MICK. Mairtin, te estás pasando de la raya.

MAIRTIN. Ay, tiene razón. Cuando bebo digo tonterías. Le pido perdón, Mick.

MICK. Acepto tus disculpas, Mairtin. Llevas una buena cogorza.

MAIRTIN. Una cogorza de la hostia. Pero meteré la cabeza en un cubo de agua cuando llegue a casa y estaré bien. Es lo que lo que hago los sábados por la noche, lo hago, y mi papá nunca se cosca de que he bebido.

MICK. Tú acuérdate luego de sacar la cabeza del cubo, que es lo que importa.

MAIRTIN. Ya lo sé. Si no te ahogas.

MICK. Precisamente.

Mairtin deja de repente de dar martillazos y se dispone a contar su historia; Mick hace lo propio y escucha.

MAIRTIN. ¿Le contó alguna vez mi hermano lo del borracho de Salthill, que se acostó en el suelo a dormir la mona? ¿Y dónde había apoyado la cabeza? Había apoyado la cabeza en un orinal. ¡Y se ahogó! ¡En pis! ¿Qué le parece?

MICK. ¿En pis?

MAIRTIN. Se ahogó en pis. ¿Menuda forma de palmarla, eh?

MICK. ¿Era su propio pis?

Breve pausa.

MAIRTIN. No sé si era su propio pis o no era su propio pis. Qué más da. Yo solo digo que se ahogó en pis.

MICK. No, mira, ¿eh? Un detalle así es importante. Tu hermano sería el primero en darme la razón.

MAIRTIN. *(Pausa.)* Ahora que lo pienso, creo que mi hermano quería abrir una investigación sobre el asunto, pero no le dejaron. Pero no sé si de quién era o no era el pis fue lo que levantó sus sospechas. Claro que un cerdo que oliera mal le haría sospechar a ese cabrón. Se piensa que ha salido de *Starsky y Hutch*.[53] *(Pausa.)* Yo por mi parte la verdad es que prefiero ahogarme en mi propio pis que en el de otro. ¡Aunque lo que prefiero es no ahogarme nunca en pis!

MICK. Tres tíos míos se ahogaron en su propio vómito.

MAIRTIN. *(Pausa.)* Bueno, ahogarse en el propio vómito no es nada del otro mundo. ¿Pues no se ahoga todo el mundo en su propio vómito?

MICK. Pero tres tíos, ¿me entiendes?

MAIRTIN. Tres tíos o los que sean. Ahogarse en el propio vómito es el pan de cada día, Mick. Un millón se habrán muerto así. El fulano negro ese. Jimi Hendrix. Ahogado en su propio vómito. De lo que yo hablo es de ahogarse en pis. Para ahogarte en pis se te tiene que ir la olla. Para ahogarte en tu propio vómito no. Para nada. El vómito lo tienes ahí ya en la boca. El pis no lo tienes para nada cerca.

MICK. Si estás borracho y te vas a la cama y te entran ganas de vomitar, esto es lo que tienes que hacer... (*Se acuesta boca abajo en el suelo, con la cara de lado.*) Te echas boca abajo o de lado, mirando hacia el borde de la almohada. O mejor deshacerse de la almohada.

MAIRTIN. No hace falta que me dé consejos, Mick Dowd, sobre cómo no ahogarse en vómito. Lo sé perfectamente.

53 Popular serie estadounidense de los años setenta sobre dos detectives de la policía.

MICK. Así, ¿ves?

MAIRTIN. Ya sé que así, y además tiene el suelo hecho un asco.

MICK. Nunca me olvido de esto cuando me voy a la cama, da igual lo que haya bebido, nunca me olvido de esto, *(Casi al borde de las lágrimas.)* porque siempre me acuerdo de mis tres tristes tíos, con lo jóvenes que eran, los pobres.

MAIRTIN. Levántese, anda, que no hablábamos de vómitos. No hace más que cambiarme de tema. Hablábamos de pis.

MICK. *(Levantándose.)* Tres tíos, ¿me entiendes?

MAIRTIN. Que sí, que tres tíos.

MICK. Y uno de ellos en América.

MAIRTIN. ¿En América? Supongo que la gente también se ahoga en su propio vómito en América. Obviamente.

MICK. En Boston Massachusetts.

MAIRTIN. ¿En Boston Massachusetts?

MICK. En Boston Massachusetts. Se ahogó en su propio vómito.

MAIRTIN. Al menos vio mundo. *(Pausa.)* Pues muy bien.

Los dos casi al mismo tiempo empiezan de nuevo a aporrear los huesos.

MICK. Deberíamos poner música mientras.

MAIRTIN. *(Sin comprender.)* Música, música...

MICK. Música para darle martillazos a los fiambres. Tenía un disco de Dana[54] por algún lado...

MAIRTIN. Pues ponga a Dana.

Mick pone «All Kinds of Everything»[55] de Dana.

MICK. Pensé que a los jóvenes ya no les gustaba Dana.

54 Rosemary Scallon (1951), más conocida como Dana, una cantante irlandesa popular durante los años setenta y ochenta, y que llegaría a presentarse en 1997 a las elecciones para la presidencia de Irlanda. De posiciones fuertemente católicas, editó un disco en homenaje a Juan Pablo II en 1982.

55 Con esta canción Dana ganó el concurso de Eurovisión en 1970. La repetición de la frase «Todas las cosas me recuerdan a ti» a lo largo de la canción mientras Mick y Mairtin golpean los esqueletos le da un nuevo sentido a la misma.

MAIRTIN. Puede que no, pero a mí sí. Me gusta Dana desde que era un rapaz. Si me la encontrara le daría un beso.

MICK. No creo que te diera un beso a ti, tontolaba.

MAIRTIN. ¿Y por qué no?

Mairtin deja de dar martillazos y se queda con un gesto triste y serio. Mick se detiene y lo mira.

MICK. ¿Que por qué no te iba a dar un beso Dana?

MAIRTIN. Eso.

MICK. *(Pausa.)* Pues igual sí que te lo daba.

MAIRTIN. En los labios.

MICK. *(Encogiéndose de hombros.)* Pues igual sí.

MAIRTIN. Aunque ahora es una de esas cristianas renacidas.

MICK. Que quieres que te diga, Mairtin, yo la evitaría.

Mick vuelve a ponerse a dar martillazos, y tras unos segundos también Mairtin.

MAIRTIN. *(Pausa.)* ¿Le daría martillazos a los huesos de su mujer con las mismas ganas si estuviera aquí, Mick?

MICK. No lo haría. Le guardaría cierto respeto.

MAIRTIN. ¿Entonces a lo mejor le hicieron un favor, los tipos que se la robaron?

MICK. A mí no me hicieron ningún favor, y si tuviera a esos tipos delante entonces sí que ibas a ver lo que es darle martillazos a un cráneo. Ya te lo digo yo. ¡Hechos polvo los iba a dejar!

MAIRTIN. Les estaría bien empleado, putos morbosos. Que además no solo le robaron a su parienta, como si no fuera suficiente, sino que le levantaron el guardapelo que tenía al cuello, un guardapelo por el que no sacarías ni una libra en la casa de empeños de Galway, me juego la cabeza.

Mick ha dejado de dar martillazos a la primera mención del guardapelo y ha dado un paso atrás, mirando fijamente a Mairtin, que sigue dando martillazos sin cesar, completamente ajeno a su metedura de pata.

MICK. ¿El guardapelo en forma de rosa, dices?

MAIRTIN. El guardapelo en forma de rosa, sí, con esa fotografía suya. ¿Para qué cojones se lo habrán llevado, como no sea para burlarse de usted?

Mick se sienta en el sillón, con el mazo sobre las rodillas, sin dejar de mirar a Mairtin, que continua dándole martillazos a los cráneos.

MAIRTIN. Son unos puñeteros salvajes, y nada más que unos puñeteros salvajes, esos cabrones. Seguro que fueron los mismos que me robaron los muñecos de *La guerra de las galaxias* cuando tenía cuatro años y los dejé bajo la lluvia. Eran Han y Luke y... ¿era Chewie? No, no tenía a Chewie. Fueron Han y Luke y otro más los que me birlaron... ¡La princesa Leia! Eso. Que son los mejores de *La guerra de las galaxias*, la verdad. No se puede jugar a *La guerra de las galaxias* sin ellos. ¡Qué hace ahí sentado! ¡Vuelva al trabajo, so langrán, o le diré al puñetero Welsh Walsh que le recorte el sueldo! Welsh.

MICK. En un minutino, Mairtin. Necesito sentarme y pensar un momento.

MAIRTIN. *(Dejando de martillear.)* Eso es lo único que hacen los chicos inteligentes en la escuela, que lo único que hacen es sentarse y darle al coco, que no hacen otra cosa, cuando deberían estar en el patio jugando al futbol, y que les diera el sol en los brazos. No hay quien los mueva, a esos putos pecosos, ni a codazos. *(Pausa.)* En fin, que les vaya bien, si no hacen mal a nadie. ¿Por qué iba yo a querer mangonearlos y darles codazos? Tienen todo el derecho a quedarse sentados. *(Pausa.)* Me pongo de un buen humor de la hostia cuando se me va la olla, Mick.

MICK. Ya lo veo.

MAIRTIN. Sería capaz de darle un beso a un loco o a un puñetero perro. *(Pausa.)* ¿Suficientes martillazos por ahora?

MICK. Suficientes. Por ahora.

MAIRTIN. ¿Qué es lo siguiente de la lista?

MICK. Recoger los trozos grandes y meterlos en el saco.

Mairtin lo hace, borracho.

MAIRTIN. Anda que no hay trozos, me cago en la leche. Haría bien en comprarse un aspirador.

MICK. Con unos pocos más de esos grandes basta.

MAIRTIN. Antes me prometió un recogedor y una escoba. Pero veo que ha faltado a su promesa. ¿Y ahora qué?

MICK. *(Poniéndose en pie.)* Ahora los llevaremos en el coche hasta el lago para deshacernos de ellos.

MAIRTIN. ¿Y diremos una retahíla de oraciones, Mick?

MICK. Y diremos una retahíla de oraciones. Voy a ir sacando el coche, ¿a no ser supongo que quieras conducir tú, Mairtin?

MAIRTIN. Ah, ¿pero no me dejará conducir, no?

MICK. Si no te sientes capaz, no, no te dejaré.

MAIRTIN. ¡Me siento capaz, Mick! ¡Me siento muy capaz!

MICK. ¿No vas un poquino por encima del límite?

MAIRTIN. No estoy ni cerca. Solo he dado unos sorbitos. Ay, déjeme conducir, Mick. Anda, porfa.

Pausa. Mick saca las llaves del bolsillo y se las lanza a Mairtin, que no acierta a cogerlas por mucha distancia. Las recoge tambaleándose del suelo.

MAIRTIN. Ay, mamita, menuda noche. Una noche de la hostia. Conducir y beber y darle porrazos a unos cráneos...

Mairtin sale a toda velocidad por la puerta, dejando la bolsa tras él.

MICK. ¡No te olvides de la bolsina de cráneos, Mairtin!

Pausa. Mairtin regresa lentamente, sonriente, y coge el saco.

MAIRTIN. Me dejaría la cabeza si no la llevara pagada a los hombros. *Pegada.* Mi mamá dice: «Un día te vas a olvidar la cabeza, Mairtin». Yo le respondo: «Lo que tú digas». *(Sale con el saco. Fuera.)* Tendré que acordarme de ponerme el cinturón también, Mick, con el historial que tiene.

Risas de Mairtin afuera.

MICK. *(En voz baja.)* Tú haz lo que quieras, desgraciado... *(Recoge su mazo y lo acaricia un momento.)* Total, como si fuera a servir de algo.

Sale con decisión, llevándose el mazo y apagando las luces al salir mientras suena un coche al arrancar.

Escena 4

Entra Mick y enciende las luces. Lleva la camisa manchada de sangre. Limpia algo de sangre del mazo y lo deja sobre la mesa, luego empuja con el pie los fragmentos de hueso del suelo hasta la otra habitación. Cuando acaba, se sienta en el sillón. Llaman a la puerta. Mick le abre la puerta a Maryjohnny.

Mary. Mick.

Mick. Maryjohnny.

Mary. Qué frío.

Mick. Hace frío, ya me imagino.

Mary. Y tanto que hace frío, Mick.

Mick. En fin, será que es de noche.

Mary. Y claro que es de noche.

Mick. ¿Supongo que has venido a por un trago?

Mary. Pero solo si tú también te echas uno, Mick.

Mick sirve dos vasos.

Mary. Acabo de salir del bingo.

Mick. ¿Ah, sí? ¿Y cuántas veces ganaste esta noche?

Mary. Esta noche solo tres veces, Mick. Se me quedó sin tinta uno de los rotuladores fluorescentes.

Mick. Ajá, ese es el problema de los rotuladores fluorescentes. Fue una mala noche entonces.

Mary. Dos entradas gratis para los toboganes del parque acuático es todo lo que les saqué. No es que les vaya a dar mucho uso. *(Pausa.)* ¿No los querrás tú, Mick?

Mick. No, Mary. Nunca fui muy de toboganes. Nunca les vi la gracia.

Mary. Se los daré entonces a Mairtin o a alguien. ¿Mairtin sabe nadar?

Mick se limpia un poco de la sangre que lleva encima.

Mick. Me apostaría un dinero a que no.

Mary. ¿Qué es lo que tienes encima, Mick? ¿Has estado pintando?

Mick. Ah, es solo una vieja camisa de trabajo, Maryjohnny. ¿Qué pasa?

Mary. No, no pasa nada. *(Pausa.)* Me enteré de lo de tu Oona, Mick. Que desapareció, ¿no? Qué cosa tan horrible. Si no te dejan descansar cuando llevas siete años muerto, cuándo te van a dejar descansar.

Mick. Nunca, nunca te van a dejar descansar.

Mary. No soporto la idea de que alguien salga corriendo con mis huesos cuando esté muerta.

Mick. Nadie va a salir corriendo con tus huesos, Maryjohnny. Para empezar, iban a necesitar una camioneta.

Mary. ¿Una camioneta por qué?

Mick. No, por nada. Es solo que a veces das la impresión de tener los huesos un poquín anchos.

Mary. No tengo los huesos anchos. Solo estoy un poco gorda.

Mick. Un poco gorda, ya, claro. Claro. Un poco gorda.

Mary. Estás de un humor peculiar esta noche, Mick.

Mick. ¿Sí? Serán los vapores de la pintura o algo.

Mary. *(Pausa.)* ¿Te has enterado de que Ray Dooley perdió su trabajo de guía turístico?

Mick. Me he enterado. Si te dedicas a decirles gilipolleces a los americanos, es lógico que acabes perdiendo tu trabajo de guía turístico.

Mary. Es lógico.

Mick. Y a hacerles chistes sobre Vietnam.

Mary. Se va a Boston el mes que viene a la boda de su hermano.

Mick. ¿El mes próximo ya? No ha sido un compromiso muy largo. Oona y yo estuvimos prometidos cinco años, y fueron cinco años que nos vinieron de perlas. Para conocer los defectos de cada uno y todo eso, ya sabes, y para aprender a aceptarlos.

Mary. ¿Cuál era el principal defecto de Oona, Mick?

Mick. Oona no tenía ningún defecto importante, la verdad. Solo tenía pequeños defectos. Sus cosas, ¿sabes? Nunca envolvía el queso como Dios manda. Ya sabes, cuando había terminado de comer.

Lo dejaba por ahí, al aire. Lo mismo con el pan. Nunca envolvía el pan como Dios manda. Ya sabes, después de hacerse un bocadillo o lo que fuera. Y se le daban fatal los huevos revueltos, y no sé por qué, porque anda que no es fácil hacer unos huevos revueltos. Los huevos revueltos de Oona siempre le salían o crudos o quemados.

MARY. Así que no la echas de menos.

MICK. Pues claro que la echo de menos. Quiero decir, lo de los huevos revueltos no tenía importancia. Era tan sencillo como no comer huevos revueltos, ¿sabes? *(Pausa.)* Echo de menos hablar con ella. Cuando Oona hablaba era capaz de llenar la casa entera. Y siempre se ponía de mi parte contra los demás. Ya sabes, en una pelea o lo que fuera, o si la gente decía cosas sobre mí. Habría sido la primera en defenderme si se hubiera enterado de que el pueblo se dedica a decir que la maté a propósito.

MARY. Pues es una pena que esté muerta. *(Pausa.)* Me pregunto quién se la llevaría.

MICK. ¿Ajá?

Thomas llama a la puerta y entra con una pequeña bolsa en la mano.

MARY. Buenas noches, Thomas. Qué frío.

THOMAS. ¿Qué hace usted aquí arriba, yaya?

MARY. Pasaba por aquí al salir del bingo.

THOMAS. Pensé que le había ordenado al padre Welsh que le prohibiera la entrada al bingo.

MARY. Y así fue, pero el padre Welsh decidió readmitirme.

THOMAS. Así que se dedica a contradecir las órdenes oficiales de la policía, ¿eh? Tendré que revisar eso. Váyase a casa, yaya, que quiero hablar con Mick a solas.

MARY. Acabo de llegar.

THOMAS. Me da igual que acabe de llegar. Es una orden oficial de la policía, ¿me oye?

MARY. Mira, Thomas Hanlon, ni se te ocurra darme órdenes, oficiales o no oficiales, con la de veces que te he limpiado la mierda de tu culo de bebé.

THOMAS. *Haga el favor,* yaya.

MARY. Me iré cuando me haya acabado el trago y ni un minuto antes.

MICK. ¿Para qué quieres hablarme a solas de todos modos?

THOMAS. No, para nada terriblemente importante, en realidad. Solo quería que me escribiera y firmara una pequeña confesión, eso es todo. Solo una pequeña confesioncita de nada.

MICK. ¿Una confesión de qué?

Thomas saca un cráneo con una enorme grieta en la frente de la bolsa.

THOMAS. Una confesión del asesinato con objeto contundente, o con el objeto que sea, de su difunta esposa, la señora Oona Margaret Dowd.

Thomas señala la grieta del cráneo.

MARY. ¡No...!

MICK. Bueno, pues vale.

THOMAS. ¿Cómo?

MICK. Que pues vale he dicho. ¿Tienes un boli?

THOMAS. *(Revisándose los bolsillos.)* No. ¿No tiene usted uno?

Mick busca un bolígrafo.

MICK. Por algún lado tengo que tener uno, estoy seguro.

MARY. *(Sacando unos rotuladores del bingo.)* Yo tengo mis rotuladores del bingo. Son fluorescentes, pero no todos pintan.

THOMAS. ¡Le parece que unos rotuladores fluorescentes sirven para escribir una confesión!

MARY. ¿Uno amarillo?

THOMAS. No. «Uno amarillo», Jesús.

MICK. *(Encuentra un bolígrafo.)* Ya está, mi boli de la suerte. A ver, ¿entonces qué quieres que diga exactamente, Thomas?

THOMAS. La verdad, Mick.

MICK. Claro, la verdad, ya. No hay problema.

Mick escribe su confesión en dos hojas de papel que Thomas le entrega, mientras Mary sujeta el cráneo.

MARY. ¿Es verdad? *(Pausa.)* Siempre recé por que fueran solo habladurías. Si hubiera sabido que...

MICK. Si lo hubieras sabido, habrías subido igual a gorronearme el puñetero alcohol todos estos años, so chupóptera de mierda.

THOMAS. Ni se le ocurra llamar chupóptera de mierda a mi abuelita, puto papón homicida.

MICK. ¿Puto qué?

THOMAS. Papón, papón.

MICK. Ah, papón. Te entendí «putón».

THOMAS. ¡Y tampoco se le ocurra ponerse a criticar cómo hablo!

MICK. *(A Mary.)* Y tú hazme el favor de dejar donde estaba el cráneo de mi mujer. Tú y tus putos rotuladores fluorescentes. ¿A ti te parece normal la de rotuladores fluorescentes que tiene, Thomas, cuando se supone que el bingo no es más que para divertirse un poco? Y divertirse un poco además para recaudar unas cuantas perras para los pobres de África. De la boca de los negritos hambrientos saca sus ganancias del bingo aquí Maryjohnny, pero no veo que a ella le pidas ninguna confesión.

MARY. ¿No será mejor matar de hambre a unos negritos que asesinar a la parienta?

MICK. Qué va a ser mejor. Y deja a mi Oona donde estaba, que ya van dos veces que te lo digo. No quiero que el olor a culo de tus manos mugrientas se le quede pegado.

Mary deja donde estaba el cráneo y sigue bebiendo. Mick escribe.

MICK. ¿Dónde la encontraste, Thomas?

THOMAS. Al fondo de nuestros campos la encontré.

MICK. Al fondo de vuestros campos, claro. Y me apuesto que al lado de los huesos de esa vaca muerta de la que Mairtin hablaba el otro día. La que dijo que se coló y se murió de repente, cuando todo hijo de vecino te dirá que a esa vaca se la llevó a rastras de casa de Pato

Dooley y le sacudió un ladrillazo, y que solo porque es un bendito Pato no presentó una denuncia.

THOMAS. Eso son solo pruebas circunstanciales.

MICK. No, eso son solo pruebas *indirectas.*

THOMAS. Mierda, siempre las confundo. ¿Qué más da? Saber la diferencia entre circunstanciales e indirectas no te hace mejor poli. No. Es hacer trabajo de detective, y salir a buscar pistas, y nunca abandonar un caso por mucho que tengas todo en contra o por muchos años que hayan pasado.

MARY. Como *Petrocelli.*[56]

THOMAS. Como *Petrocelli,* precisamente, yaya, y lo primero que pienso hacer cuando me asciendan será reabrir el caso de la lechuga y la mermelada que le conté, porque hay noches que no pego ojo pensando en el asesinato de ese pobre tipo que lleva cuatro años sin resolverse, con lo frío y solo que estará en su oronda tumba.

MICK. Y el tipo que se ahogó en pis es otro.

THOMAS. Y el tipo que se ahogó en pis es otro. A lo mejor llamo a un experto en orina para ese.

MICK. ¿Qué otra palabra hay para *convulsiones*? Ya he usado *convulsiones* una vez y no quiero repetirla.

THOMAS. *(Pensando.)* Convulsiones, convulsiones, convulsiones... Espasmos.

MICK. Espasmos, espasmos, espasmos... Funciona. *(Escribe.)*

THOMAS. Tengo mucho vocabulario, ¿a que sí que lo tengo? *(Pausa.)* ¿Acaba?

MICK. A punto estoy.

MARY. Pobre Oona. ¿Por qué la mataste, Mick? Porque hacer mal unos huevos revueltos no es motivo suficiente para asesinar a tu mujer.

MICK. Ya sé que no lo es, Mary, ¿y quieres oír algo gracioso? *No* asesiné a mi mujer. Lo mismo que llevo diciendo siete puñeteros años, que no asesiné a mi mujer. Nunca asesiné a nadie hasta esta noche. *(Le entrega su confesión a Thomas, que la lee en diagonal.)* Lo de mi

56 Un drama legal norteamericano de mediados de los años setenta protagonizado por Barry Newman.

Oona fue por conducir borracho y nada más, como no hago más que decir, pero ya que siempre habéis querido tener a un asesino entre vosotros, pues aquí tenéis uno.

THOMAS. ¿Se cree que me voy a creer este montón de gilipolleces? En la discoteca con Ray Dooley es donde está Mairtin esta noche, en la discoteca y en ningún otro sitio.

MICK. Lo que tú digas, pero si Mairtin está en la discoteca, ¿cómo he acabado con los puñeteros sesos de ese tontolaba en mi camisa?

MARY. ¡No...!

MICK. Ya ves lo gran poli que es, Maryjohnny, con sus cráneos y sus pruebas y sus lechugas en neveras vacías, pero que ni se inmuta cuando tienen en sus putas narices a un hombre empapado de sangre hasta los pies...

Thomas se abalanza sobre Mick, tirándolo de la silla y estrangulándolo sobre el suelo, mientras Mick apenas se defiende.

MARY. ¡Suéltalo, Thomas, suéltalo! ¡Thomas!

Por detrás de ella entra Mairtin, un tanto conmocionado, con una herida enorme y ensangrentada en medio de la frente que le gotea sobre la camisa. Los mira pelearse durante un rato; tras unos segundos, Mary repara en él, confusa.

MAIRTIN. ¿Qué coño hacen esos dos imbéciles?

Thomas deja de estrangular a Mick. Los dos se levantan y se quedan mirando fijamente a Mairtin.

MAIRTIN. ¿Se puede saber qué coño estáis mirando, mamones? *Amigos,* que qué miráis, *amigos,* quiero decir.

Thomas examina la herida de Mairtin. Mary se sienta y se llena el vaso.

MARY. ¿Cómo estás, Mairtin?

MAIRTIN. Estoy bien, yaya, aunque me duele un poquino la cabeza. *(A Thomas.)* ¿Qué haces que no dejas de manosearme?

Thomas frota delicadamente la cara de Mairtin.

THOMAS. Ahora sí que eres nuestro, Michael Dowd. Ahora sí que eres nuestro.

Thomas saca sus esposas y se acerca a Mick.

MAIRTIN. ¿Es nuestro por qué?

THOMAS. Es nuestro por abrirte esa pobre sesera con un mazo.

MAIRTIN. ¿Un mazo? ¿De qué hablas? Esto es por conducir borracho.

THOMAS. ¿Ah?

MICK. ¿Ah?

MAIRTIN. Por conducir borracho y nada más. ¿Por qué me iba a abrir Mick con un mazo mi pobre sesera? Si a Mick le caigo genial. ¿Verdad, Mick?

MICK. Sí que me caes genial, Mairtin. Me pareces un tipo estupendo.

MAIRTIN. ¿Ves, Thomas? A Mick le parezco un tipo estupendo.

A espaldas de Thomas, Mick coge la confesión y le prende fuego. Se quema lentamente mientras Thomas interroga a Mairtin.

THOMAS. Escucha, Mairtin, conmocionado como estás, y quién no lo estaría...

MAIRTIN. No estoy conmocionado. Hace falta algo bastante más fuerte que un accidente de coche para conmocionarme, ya te lo digo yo.

THOMAS. Pero ¿no acaba de firmar una confesión diciendo que te hizo pedazos esa cocorota de borracho que tienes?

MAIRTIN. ¿La firmó, Mick?

MICK. No, no, no firmé nada, Mairtin.

THOMAS. ¿Qué quiere decir con que no firmó nada? ¿Pues no tengo la puñetera confesión aquí mismo...?

Thomas se gira para ver cómo la última esquina de la confesión se reduce a cenizas.

MICK. ¿La has vuelto a cagar, eh?

THOMAS. ¿Mairtin? Escúchame. Vas a venir conmigo a la comisaria, ¿vale?, y vas a declarar bajo juramento cómo Mick trató de matarte esta noche...

MAIRTIN. Ay, la Virgen, ¿no puedes dejar al pobre Mick tranquilo, que pareces que has salido de la puñetera *McMillan y esposa*?[57]

THOMAS. ¡Deja de decir que parece que he salido de *McMillan y esposa*, que te lo he dicho veinte puñeteras veces!

MAIRTIN. Si él dice que no mató a su parienta, a mí me vale, déjalo estar.

THOMAS. ¡¿Pero por qué te pones de su puñetera parte?!

MAIRTIN. ¿Y por qué no me iba a poner de su puñetera parte, cuando es el tontolaba de mi propio hermano al que pillé haciéndole un agujero al cráneo de la parienta de Mick el día después de que la desenterrara?

THOMAS. ¡Ni se te ocurra decir nada del desenterramiento...!

MAIRTIN. ¡Diré lo que quiera del desenterramiento y te voy a explicar por qué voy a decir lo que quiera del desenterramiento! Porque ni una puta libra me querían dar en la casa de empeños de Galway por el guardapelo en forma de rosa, y tú dijiste que me darían al menos diez. *(Le da a Mick el guardapelo.)* Solo me lo dio para que cerrara el pico y nada más, Mick, pero me he dado cuenta de que no sería otra cosa que robarle, y no solo robarle a usted, sino robarle a su pobre esposa, y de todos modos el tipo de la casa de empeños dijo que solo era una porquería que no vale ni para limpiarse el culo, así que no es una gran pérdida, ¿sabe lo que quiero decir?

THOMAS. ¿Acabaste, Mairtin?

MAIRTIN. *(Pausa. Confuso.)* ¿Que si la cavé? ¿La qué?

THOMAS. Que si *acabaste*, dije.

MAIRTIN. Ah, ¿que si acabé? *(Lo piensa un momento.)* No, no acabé, señor detective engreído de mierda. Ja, detective mis cojones, cuando todo Leenane sabe que serías incapaz de arrestar a un simple ladronzuelo. Aunque fuera un niño que confesara con los morros llenos del chocolate que ha birlado. O que si lo arrestaras sería por haber asesinado a los Kennedy.

57 *McMillan and Wife*, una serie policiaca estadounidense de los años setenta en la que el matrimonio protagonista (interpretado por Rock Hudson y Susan Saint James) se dedicaba a resolver crímenes.

THOMAS. ¿Con que sí?

MAIRTIN. Con que sí. ¿Pues no te soportan en el trabajo solo porque se te da bien ayudar a los niños a cruzar la carretera?

THOMAS. ¿Acabaste, ahora sí?

MAIRTIN. Acabé por ahora, sí, pero puede que se me ocurran más insultos en un ratito cuando recupere el aliento.

THOMAS. Pero ¿por ahora acabaste?

MAIRTIN. Por ahora acabé, sí. ¿Pues no te lo he dicho como cinco veces?

THOMAS. Estupendo.

Thomas le asesta dos golpes a Mairtin en la cabeza con el mazo. Mairtin se cae redondo al suelo.

MARY. ¡Thomas!

Mick impide a la fuerza que Thomas siga golpeando a Mairtin.

MICK. ¡Suéltalo, Thomas, por Cristo! ¡Thomas!

MAIRTIN. *(Aturdido.)* ¿Eso a qué ha venido?

Thomas se queda mirando desconcertado a Mick durante un momento, mientras aspira de su inhalador del asma y Mick lo sujeta por los brazos.

THOMAS. Me parece... Me parece... Me parece que ya no me van a ascender.

Mick suelta a Thomas. Mairtin se ha arrastrado hasta una silla. Aturdido y perplejo, Thomas acaricia la mejilla de Mairtin, luego le roza suavemente la cabeza ensangrentada.

MAIRTIN. *(En voz baja, preocupado.)* ¿Estás bien, Tom?

Thomas asiente con cara de perplejidad.

THOMAS. Un día me las pagarás por esto, Mick Dowd. Te lo juro por mi alma que me las pagarás.

MICK. Pues buena suerte.

Thomas asiente, mira un momento al cráneo y a Mick, luego sale.

Mick se sienta con el cráneo de su mujer en las manos. Mary le frota la sangre de la cabeza a Mairtin con un pañuelo, mientras Mairtin da grititos de dolor.

MAIRTIN. ¡Ay! ¡Yaya, me cago en la puta!

Mary chasquea la lengua.

MAIRTIN. Ay, yaya, jolines, quiero decir. Espero que ese pañuelo no esté lleno de sus cochinos mocos.

MARY. No tiene, no. Es mi pañuelo de adorno.

MAIRTIN. ¿Su pañuelo de adorno? ¿Ajá?

Le lanza una mirada a Mick como si Mary estuviera loca.

MAIRTIN. ¿Usted la oye?

MICK. Creo que igual deberías ir al hospital a que te vean, Mairtin. Un porrazo en la cabeza puede ser una cosa seria si no se vigila.

MAIRTIN. Los hospitales son para mariquitas.

MICK. Los hospitales no son para mariquitas. Dejan entrar a todo el mundo.

MAIRTIN. Para mariquitas y tortilleras a las que no se les puede lanzar ni una indirecta.

Mary chasquea la lengua.

MAIRTIN. ¡Qué! «Tortilleras» no es ninguna palabrota.

MARY. ¿Ah, no?

MAIRTIN. No. Es sinónimo de lesbianas, ¿sabe?

MARY. Ah.

MAIRTIN. «Tortilleras». Ya sabe, como Mona McGhee en la escuela, la de la barba. *(Pausa.)* Cinco veces le he pedido salir a esa fulana y sigue diciéndome que no.

MICK. Las lesbianas no tienen nada de malo, Mairtin. No le hacen mal a nadie.

MAIRTIN. Supongo que no. Y se les da genial el tenis. Puede dejarme ya, yaya, que me está poniendo de los nervios.

Mary deja de atender a Mairtin y se queda mirando a Mick y su cráneo durante un rato.

MAIRTIN. Supongo que esa será su parienta, ¿no, Mick?

MICK. Supones bien.

MAIRTIN. Ajá. ¿Ha cambiado mucho desde la última vez que la vio?

MICK. *(Pausa.)* Mucho, Mairtin.

MAIRTIN. No, claro, han pasado siete años.

MARY. *(Pausa.)* ¿Te gustan los toboganes, Mairtin?

MAIRTIN. ¿Los toboganes? ¿A qué cojones vienen los puñeteros toboganes ahora?

MARY. Gané dos entradas gratis para los toboganes del parque acuático, si te apetece ir.

MAIRTIN. No me verá yendo a los toboganes con usted, señora. Iba a parecer un idiota.

MARY. No, pero que puedes llevar a otra persona.

Le da a Mairtin las entradas.

MAIRTIN. Ah. Vale. Pues gracias, yaya. Quizás Mona quiera ir. Ey, ha sido un día de la ostia, sí que lo ha sido. Beber y conducir y toboganes, y darle porrazos a unos cráneos hasta hacerlos migas, eso fue lo mejor del día.

Mary le lanza una mirada severa a Mick.

MAIRTIN. ¿Necesita que le ayude a darle porrazos a su Oona, Mick, o de eso se encarga usted solo?

MICK. Me encargaré de esto yo solo, Mairtin.

MAIRTIN. Estupendo.

MICK. Y te enviaré la factura de los desperfectos de mi Ford Anglia antes del fin de semana.

MAIRTIN. Eso no es justo, Mick.

MICK. Es que la vida no es justa, Mairtin.

MAIRTIN. *(Ligeramente confuso.) Es* justa. A mí me gusta, en todo caso. *(Se levanta y se marea. Se tambalea por la habitación mientras le tiemblan las piernas y logra mantenerse en pie solo gracias a que se apoya en la pared.)* Me parece que igual sí que me paso por ese hospital. Un poquito mareado sí que estoy. Nos vemos.

MICK. Nos vemos, Mairtin.

MAIRTIN. *(Pausa.)* ¡Nos vemos, yaya! ¿No me oye?

MARY. Nos vemos, Mairtin.

MAIRTIN. La virgen, menuda sorda.

Mairtin respira profundamente y cruza tambaleándose la habitación, balanceándose, saliendo a duras penas por la puerta, que cierra al salir.

MARY. Así que sí que le das martillazos a los huesos.

MICK. Esta noche es la primera vez que ha ocurrido lo de los martillazos, Maryjonnhy, y solo porque estaba muy disgustado por haber perdido a Oona...

MARY. ¿Y esperas que te crea, con la de mentiras que has soltado?

MICK. ¿Qué mentiras?

MARY. Hasta un idiota se daría cuenta de que las heridas de Mairtin no fueron por un accidente.

MICK. Pues claro, ¿no lo admití directamente, y firmé una confesión y todo? ¿Cuándo he mentido yo?

MARY. Y las mentiras sobre la muerte de tu pobre Oona.

MICK. Por Dios, ¿sigues erre que erre con el puñetero asunto? Nunca he mentido sobre la muerte de Oona. Ni una sola vez.

MARY. ¿Ah, no? Entonces estaré equivocada de lo que vi esa noche mientras pasabais con el coche.

MICK. ¿Qué viste? No había nada que ver.

MARY. Ah, pues supongo que no había nada que ver.

MICK. Si tienes algo que decirme, adelante y dilo directamente, y deja de marear la perdiz como una mema. Si viste algo que te hizo pensar que maté a Oona deliberadamente, ¿por qué razón has seguido visitándome cada noche durante los últimos siete años?

MARY. Hace un rato te respondiste tú solo.

Mary apura el vaso de aguardiente con una floritura y posa el vaso.

MICK. Ah, solo por gorronearme el puñetero alcohol, ¿eh? Pues ahí tienes la puerta si esa es la única razón por la que vienes aquí, con tus interminables boletines meteorológicos y tus puñeteros Eamonn Andrews. Nunca le puse un dedo encima a Oona, desde el día que nos casamos hasta el día que murió y, si te piensas que puedes hacerme enfadar diciendo que viste algo esa noche cuando no había nada que ver, entonces no sabes lo que te espera.

MARY. No digo nada. Nada de nada digo. Lo único que digo es que volverás a encontrarte con Oona algún día, Mick Dowd, y no solo con su cráneo pelado, sino con su espíritu y, cuando te la encuentres, ojalá arrastre los podridos huesos de asesino que tienes hasta los mismísimos fuegos del infierno, y ojalá que a partir de entonces todo te vaya cuesta abajo. Y ahora, adiós.

Mary se dirige a la puerta.

MICK. ¿Maryjohnny?

Mary se vuelve.

MICK. Te has olvidado los rotuladores fluorescentes, ahí.

Mary recoge los rotuladores.

MARY. Gracias.

Mary se dirige a la puerta de nuevo.

MICK. Y... ¿Maryjohnny? *(Pausa.)* No la toqué. Lo juro.

Mary lo mira fijamente un instante, luego sale. Mick observa el guardapelo en forma de rosa, luego coge en sus manos el cráneo y lo mira durante un rato, acariciando la grieta de la frente. Se lleva el cráneo a la mejilla, tratando de recordar.

MICK. *(En voz baja.)* Lo juro.

Acaricia el cráneo de nuevo, lo besa con delicadeza, y sale despacio de la habitación con él en las manos, todavía intentando recordar. Según sale, lentamente oscuro.

El solitario oeste

El solitario oeste fue producida por la Druid Theatre Company/Royal Court Theatre y estrenada por primera vez en el Town Hall Theatre de Galway, Irlanda, el 10 de junio de 1997. La producción Druid Theatre Company/Royal Court Theatre estrenó en Broadway, Nueva York, el 27 de abril de 1999, por Randall Wreghitt, Steven M. Levy, Norma Langworthy, Gayle Francis, Dani Davis, Jason Howland, Joan Stein, Susan Deitz y Everett King.

Personajes

Girleen Kelleher

El Padre Welsh

Coleman Connor

Valene Connor

Escenario

Leenane, un pequeño pueblo en Connemara, en el condado de Galway

Escena 1

El salón-cocina de una vieja alquería en Leenane, Galway. La puerta principal al fondo a la derecha, una mesa con dos sillas en el proscenio a la derecha, una vieja chimenea en el centro de la pared del fondo, con unos sillones desvencijados a ambos lados. La puerta del cuarto de Coleman a la izquierda de la pared del fondo. La puerta del cuarto de Valene a la izquierda. Una larga hilera de polvorientas figuritas religiosas de plástico, cada una de ellas marcada con una «V» negra, ocupa un estante en la pared del fondo, sobre el que cuelga una escopeta de dos cañones y, más arriba, un enorme crucifijo. Una alacena en la pared de la izquierda, una cómoda hacia la derecha, sobre la que hay una foto enmarcada de un perro negro. Al comenzar la obra es de día. Coleman, de luto, de vuelta de asistir a un funeral, entra aflojándose la corbata. Saca una lata de galletas de la alacena, le rompe el celo que precinta la tapa y saca de ella una botella de aguardiente, también marcada con una «V». El padre Welsh, un cura de treinta y cinco años, entra justo después.

Welsh. Dejaré la puerta abierta para Valene.

Coleman. Haga lo que quiera.

Sirve dos vasos mientras Welsh se sienta a la mesa.

Coleman. ¿Se echará un traguito conmigo?

Welsh. Me lo echaré, Coleman.

Coleman. *(En voz baja.)* Qué puta estupidez de pregunta.

Welsh. ¿Eh?

Coleman. Dije que qué puta estupidez de pregunta.

Welsh. Vaya, ¿y por qué?

Coleman le da a Welsh su vaso sin responder y se sienta también a la mesa.

WELSH. Y no digas palabrotas hoy, Coleman. No precisamente hoy.

COLEMAN. Diré palabrotas si quiero decir palabrotas.

WELSH. Con tu padre recién enterrado, ¿me entiendes?

COLEMAN. No, claro, desde luego, lo que usted diga.

WELSH. *(Pausa.)* La verdad es que vino bastante gente.

COLEMAN. Una bandada de buitres que solo querían meter el cuezo.

WELSH. Venga, hombre, Coleman. Vinieron a dar el pésame.

COLEMAN. Pues no se les ocurrió a siete, a siete nada menos, salir con que dónde iba a celebrarse luego el convite, y a Maryjohnny preguntar: «¿Va a haber volovanes?». No va a haber volovanes en esta casa para esa gente. No, mientras Valene sea quien maneja el dinero, en todo caso. Si fuera yo quien manejara el dinero diría venga, adelante, esta es su casa, incluso aunque sean unos buitres, pero yo no manejo el dinero. Valene maneja el dinero.

WELSH. La verdad es que Valene es un poquino agarrado.

COLEMAN. ¿Un poquino? Es de los que no come por no cagar, y además este aguardiente es suyo, así que si entra y pone el grito en el cielo dígale que fue idea suya. Diga que prácticamente me lo ordenó. Que tampoco sería tan raro.

WELSH. Te ha dado por pintarme como un alcohólico.

COLEMAN. Es que no es muy difícil pintarlo así. Hasta un niño sin pintura podría pintarlo como un alcohólico. No hay que esforzarse mucho.

WELSH. Nunca probé una gota antes de venir a esta parroquia. Esta parroquia te obliga a beber.

COLEMAN. Ya me imagino que sí, solo que hay personas a las que no hace falta obligar tanto como a otras. Algunas con un empujoncito les sobra.

WELSH. No soy ningún alcohólico, Coleman. Me gusta echar un trago de vez en cuando, nada más.

COLEMAN. Claro, si yo lo creo. *(Pausa.)* Mis cojones, volovanes. La madre que la parió, a la peloblanco esa. Me debe una pinta desde el puto mil novecientos setenta y siete. Siempre es mañana con esa fulana. Me la suda que tenga alzhéimer. Si tuviera un volován se lo metería por el culo.

WELSH. No es muy bonito decir eso de una...

COLEMAN. Anda que me importa a mí si es bonito o no es bonito.

WELSH. *(Pausa.)* Esta casa, ¿no os resultará muy solitaria después de la muerte de vuestro padre?

COLEMAN. No.

WELSH. Anda, un poquino solitaria sí que será.

COLEMAN. Si dice que será un poquino solitaria entonces a lo mejor *sí que será* un poquino solitaria. Si insiste no me va a quedar más remedio que creérmelo, que además, ¿no es usted la autoridad mundial en el tema de la soledad?

WELSH. ¿No hay mozas en el horizonte, ahora que estás libre y sin preocupaciones? Me apuesto a que habrá cientos.

COLEMAN. Solo su mamá.

WELSH. Hoy estás de un humor de lo más encantador. *(Pausa.)* ¿Es que nunca te has enamorado de una chica, Coleman?

COLEMAN. Una vez me enamoré de una chica, sí, que no es que sea de su puta incumbencia. En el instituto fue. Alison O'Hoolihan. Tenía un pelo rojo precioso. Pero un día se le clavó un lápiz en la campanilla. Estaba chupándolo con la punta hacia dentro. Alguien le daría un empujón. Ese fue el final de Alison O'Hoolihan y yo.

WELSH. ¿Murió, Coleman?

COLEMAN. No murió, no. Ojalá, la muy zorra. No, se prometió al cabrón del médico que le extrajo el lápiz. Cualquiera podría haberlo hecho. No hacía falta ningún médico. Nunca tengo suerte.

Pausa. Welsh da otro trago. Entra Valene con una bolsa de supermercado, de la que saca algunas figuritas nuevas, que procede a colocar sobre el estante.

Coleman lo observa.

VALENE. Fibra de vidrio.

COLEMAN. *(Pausa.)* Que le den a la fibra de vidrio.

VALENE. No, que te den a ti, no a la fibra de vidrio.

COLEMAN. No, que te den a ti dos veces en lugar de a la fibra de vidrio...

WELSH. ¡Bueno, basta! *(Pausa.)* ¡Por amor de Dios!

VALENE. Empezó él.

Valene coloca la bolsa en un armario lleno de bolsas.

WELSH. *(Pausa.)* Vi que Tom Hanlon había vuelto. Hablé con él en el funeral. ¿Conocía Tom a vuestro padre?

COLEMAN. ¿A papá? Un poco. Le arrestó cinco o seis veces por gritarle a las monjas.

WELSH. Recuerdo oír hablar de eso. Qué delito tan raro.

COLEMAN. No es tan raro.

WELSH. Anda venga ya, sí que lo es.

COLEMAN. Si usted lo dice, Walsh, me imagino que sí que lo es.

VALENE. Cómo odio a los putos Hanlon.

WELSH. ¿Por qué, Val?

VALENE. ¿Que por qué? ¿Pues no le cortó Mairtin las putas orejas al pobre Lassie y lo dejó morirse desangrado?

COLEMAN. No tienes pruebas de que fuera Mairtin el que le cortó las orejas a Lassie.

VALENE. ¿No se puso a alardear de ello con el ciego de Billy Pender?

COLEMAN. Eso son testimonios de oídas. No se sostendrían en un tribunal. No de boca de un niño ciego en todo caso.

VALENE. Ya sabía yo que me ibas a llevar la contraria. Vamos que si lo sabía.

COLEMAN. Ese perro no hacía otra cosa que ladrar, de todas maneras.

VALENE. Bueno, por mucho que ladres no te mereces que te corten las orejas, Coleman. Se supone que los perros ladran, para tu información.

COLEMAN. Pero no tanto. Lo normal es que se callen de vez en cuando. Ese perro se había propuesto lograr el puto récord mundial de ladridos.

WELSH. Y ya hay suficiente odio en el mundo tal como está, Valene Connor, como para que vengas a añadir tú más a cuenta de un perro muerto.

VALENE. Nadie va notar un poquito más de odio entonces si es que hay suficiente odio en el mundo.

WELSH. Qué bonita actitud para un...

VALENE. Váyase a tomar por culo y endósele sus sermones a Maureen Folan y a Mick Dowd, si son actitudes bonitas lo que pretende, Walsh. ¿No sería eso lo que tendría que hacer?

Welsh inclina la cabeza y se sirve otro vaso.

COLEMAN. Ese cabrón ya no vuelve a por otra.

VALENE. Ya lo creo. ¿Viste lo rápido que...? ¡Eh! ¡Ese es mi puto aguardiente! Pero qué... ¿eh?

COLEMAN. Se puso a insistirme nada más entrar en que le invitara a un trago. ¿Qué se supone que tenía que decirle si acaba de meter a papá bajo tierra?

VALENE. Le podías haber dado del tuyo.

COLEMAN. Y eso pretendía hacer cuando descubrí que tenía el armario pelado.

VALENE. ¿Otra vez pelado, eh?

COLEMAN. Pelado como el culo de un mandril.

VALENE. Tus armarios nunca están despelados.

COLEMAN. Supongo, pero así es la vida.

WELSH. Y la palabra *despelado* no existe.

Valene mira severamente a Welsh.

COLEMAN. *(Riéndose.)* ¡Ahí le ha dado!

VALENE. ¿Ahora me quiere corregir el vocabulario, Welsh?

COLEMAN. Pues eso parece.

WELSH. No, anda. Si era una broma, Val.

VALENE. Que para colmo se puso a darles la mano a Mick y Maureen. Que los vi allí en la tumba, de parloteo los tres...

WELSH. Yo no parloteaba...

VALENE. Tiene una parroquia encantadora, uno de ellos asesinó a su parienta de un hachazo en la cabeza, la otra le abrió la sesera a su mamá con un atizador, ¿y se pone a parlotear con ellos? Pues estupendo.

WELSH. Qué puedo hacer, si el tribunal y los polis...

VALENE. El tribunal y los polis mis cojones. Creía que el fulano al que representa era una autoridad más alta que el tribunal y los putos polis.

WELSH. *(Triste.)* Eso creía yo, sí. Pero creía mal. Me parece que Dios no tiene jurisdicción en este pueblo. Ninguna jurisdicción.

Valene coge su botella, murmurando, y se sirve un vaso. Pausa.

COLEMAN. Qué palabra tan buena esa.

VALENE. ¿Qué palabra?

COLEMAN. Jurisdicción. Me gustan las palabras con «J».

VALENE. *Jurisdicción* me suena a película yanqui. No paran de decirla en *Canción triste de Hill Street.*

COLEMAN. Es mejor que *despelado,* en todo caso.

VALENE. No empieces otra vez a dar por culo.

COLEMAN. Haré lo que quiera, don figuritas.

VALENE. Y deja mis figuritas en paz.

COLEMAN. ¿Cuántas más necesitas, me cago en la leche?

VALENE. ¡Muchas más! No, ¡muchísimas más!

COLEMAN. No, si ya lo veo.

VALENE. ¿Y dónde está mi rotulador? Que les ponga mi «V».

COLEMAN. No sé dónde está tu puto rotulador.

VALENE. ¡Ayer lo tenías tú, que te vi pintando barbas en mi ejemplar del *Mujer hoy*![58]

COLEMAN. Sí, y me lo arrancaste y casi me dejas sin mano.

VALENE. Te está bien empleado...

COLEMAN. Probablemente lo escondieras.

Según lo dice, Valene recuerda en el acto dónde está su rotulador y entra a su habitación. Pausa.

58 En el original, *Woman's Own,* una popular revista británica de cotilleos, moda y belleza dirigida al público femenino.

Coleman. Este hermano mío se pasa el día escondiendo cosas.

Welsh. Soy un cura terrible. Lo soy. Nunca soy capaz de defender a Dios cuando la gente dice cosas en su contra. ¿No es ese el requisito principal para ser cura?

Coleman. Hay curas mucho peores que usted, padre, que no le quepa duda. Lo único que le pasa es que es un debilucho y le tiene demasiada afición a la bebida y a veces le entran dudas sobre el catolicismo. Aparte de eso es un buen cura. Para empezar, no se dedica a abusar de niños de cinco años. ¿No le da eso ventaja sobre la mitad de curas de Irlanda?

Welsh. Vaya consuelo. Además esas cifras están muy exageradas. Soy un cura terrible, y llevo una parroquia terrible, y no hay más que hablar. Dos asesinos tengo en mi lista y no soy capaz de que confiese ninguno. Lo único que confiesan esos dos desgraciados es apostar a los caballos y tener pensamientos impuros.

Coleman. No creo que deba contarme a mí lo que confiesa la gente, padre, la verdad. Me parece que por eso le pueden excomulgar. Que lo vi en una película en la que salía Montgomery Clift.[59]

Welsh. ¿Lo ves? Soy un desastre.

Coleman. Es demasiado duro consigo mismo, y además no son más que habladurías lo de que Mick y Maureen mataran a alguien, y nada más que habladurías. Lo de la parienta de Mick fue un accidente por conducir borracho, que es una pena, pero podría haberle pasado a cualquiera...

Welsh. ¿Con los sesos que se le escurrían de la frente? Por Dios, Coleman.

Coleman. Un accidente por conducir borracho y nada más, y la madre de Maureen solo se cayó bajando un cerro y además la madre de Maureen no es que tuviera nunca el paso muy firme.

Welsh. Y bastante menos firme que lo tenía con la cabeza abierta por un atizador.

Coleman. Tenía mal la cadera y eso lo sabe todo el mundo. Si tiene que acusar de asesinato a alguien, ¿no debería ser a mí? Le volé la cabeza a mi padre de un tiro a bocajarro.

59 *I confess* (1953), de Alfred Hitchcock.

Welsh. Sí, pero eso fue un accidente, y tenías un testigo...

Coleman. Pues eso es lo que le digo, ¿me entiende? Que si Valene no hubiera estado allí de casualidad para verme tropezar y soltar la escopeta, ¿no estaría el pueblo entero diciendo que le encañoné la frente y le volé la cabeza a propósito? La única razón de que todos esos gilipollas se dediquen a chismorrear es solo porque el pobre Mick y la pobre Mauren no tuvieron testigos.

Valene regresa con su rotulador y empieza a dibujar una «V» en cada una de las figuritas nuevas.

Welsh. ¿Te das cuenta? Ves el lado bueno de las personas, Coleman. Se supone que es lo que tengo que hacer yo, pero no. Siempre soy el primero en apuntarse a lanzar la primera piedra.

Valene. ¿No será otra puñetera crisis de fe, no?

Coleman. Lo es.

Valene. Qué tío, no se cansa nunca.

Welsh. Es que no tengo nada que ofrecer a mi parroquia.

Coleman. ¿Pues no acaba de conseguir llegar a las semifinales de la liga de Connaught con las benjaminas el primer año que las entrena?

Welsh. La liga de benjaminas no es suficiente para devolverte la fe en el sacerdocio, Coleman, y además son unas guarras jugando.

Coleman. No lo son. Juegan bien.

Welsh. Diez tarjetas rojas en cuatro partidos, Coleman. Es un récord mundial en el futbol femenino. Sería un récord hasta en el futbol masculino. Una de las chicas del St. Angela sigue en el hospital después de jugar contra nosotros.

Coleman. Si no estaba preparada, no debería haber saltado al campo.

Welsh. Las pobres se iban llorando. Soy un entrenador estupendo, vamos.

Coleman. Esas fulanas no son más que unas quejicas de mierda.

Se oye un golpe en la puerta, luego Girleen, una linda muchacha de diecisiete años, asoma la cabeza.

Girleen. ¿Necesitáis algo?

VALENE. Entra, Girleen. Te pillaré un par de botellas, sí. Voy a por el dinero.

Se va a su habitación a la vez que Girleen entra, sacando dos botellas de aguardiente de su bolsa.

GIRLEEN. Coleman. Padre Welsh Walsh Welsh...

WELSH. Welsh.

GIRLEEN. Welsh. Ya lo sé. No me corrija. ¿Cómo va todo?

COLEMAN. Acabamos de meter a papá bajo tierra.

GIRLEEN. Súper, súper. Me encontré al cartero de camino con una carta para Valene. *(Deja un sobre de aspecto oficial sobre la mesa.)* A ese cartero le molo, ¿sabéis? Creo que le gustaría meterse en mis bragas, es más, estoy segura.

COLEMAN. Él y el resto de Galway, Girleen.

Welsh esconde la cabeza entre las manos.

GIRLEEN. Galway como mínimo. Más bien la Comunidad Europea entera. Pues no se va a meter nadie en mis bragas con el sueldo de un cartero. Eso ya os lo digo yo.

COLEMAN. ¿Has decidido cobrar entrada, Girleen?

GIRLEEN. Me lo estoy planteando, Coleman. ¿Por? ¿Te interesa? Hará falta algo más que una pinta y una bolsa de patatas fritas, ojo.

COLEMAN. Tengo un giro postal de tres libras sin cobrar en algún lado.

GIRLEEN. Eso ya está mejor, ¿ves? *(A Welsh.)* ¿Cuánto es el sueldo de un cura, padre?

WELSH. ¡¿Queréis parar ya?! ¡Queréis parar! ¡No basta con que una rapaza se dedique a despachar aguardiente que encima tiene que hablar de prostituirse!

GIRLEEN. Solo le tomamos el pelo, padre.

Le pasa los dedos por el pelo a Welsh. Él se la quita de encima.

GIRLEEN. *(A Coleman.)* ¿No estará otra vez con una crisis de fe, no? Lleva doce esta semana. Deberíamos dar parte a Jesucristo.

Welsh gimotea con la cabeza metida entre sus manos. Girleen suelta una risita. Valene entra y paga a Girleen.

VALENE. Dos botellas, Girleen.

GIRLEEN. Marchando dos botellas. Tienes una carta ahí.

COLEMAN. Cómprame una botella, Valene. Y te la debo.

VALENE. *(Abriendo la carta.)* Mis cojones te voy a comprar yo una botella.

COLEMAN. ¿Te das cuenta qué tío?

GIRLEEN. Me has timado una libra, Valene.

Valene se la paga como si se lo esperara.

VALENE. Valía la pena intentarlo.

GIRLEEN. Eres el piojo más cochoso de todos los piojos, Valene, pocamierda hijoputa.

WELSH. No digas tantas palabrotas, anda, Girleen...

GIRLEEN. Que le folle un pez, padre.

VALENE. *(Refiriéndose a la carta.)* ¡Sí! ¡Toma! ¡Ya está aquí! ¡Mi cheque! ¡Y mira cuánto es!

Valene sostiene el cheque frente a la cara de Coleman.

COLEMAN. Ya veo cuánto es.

VALENE. ¿Ves?

COLEMAN. Ya lo veo, sí, quítamelo de la cara.

VALENE. *(Acercándoselo más.)* ¿Ves cuánto es, eh?

COLEMAN. Que lo veo, sí.

VALENE. Y todo para mí. ¿Necesitas mirarlo más de cerca?

COLEMAN. Que me lo quites de la cara te he dicho.

VALENE. Pero a lo mejor necesitas mirarlo más de cerca...

Valene le restriega el cheque por la cara a Coleman. Coleman salta y agarra a Valene del cuello. Valene hace lo mismo con él. Girleen se ríe mientras se estrangulan el uno al otro. Welsh cruza borracho y a toda velocidad la habitación y los separa.

WELSH. ¿Queréis parar? Pero ¿qué os pasa?

Welsh se lleva una patada por accidente según se separan los hermanos. Hace una mueca de dolor.

COLEMAN. Lo siento, padre. Quería darle a ese cabrón.

WELSH. ¡Ay, qué dolor! ¡Me has dado en la puta espinilla!

GIRLEEN. Mire usted, ahora ya sabe lo que sienten las chicas del St. Angela.

WELSH. Pero ¿qué os pasa?

VALENE. Empezó él.

WELSH. ¡Dos hermanos venga a reñir el mismo día del entierro de su padre! Nunca he visto cosa igual.

GIRLEEN. La culpa es suya por ser tan mal cura, padre.

Welsh la fulmina con la mirada. Ella aparta los ojos, riéndose por lo bajo.

GIRLEEN. Solo le estoy tomando el pelo, padre.

WELSH. ¿Qué clase de pueblo es este? ¿Hermanos peleándose y rapazas vendiendo aguardiente puerta a puerta y dos puñeteros asesinos sueltos?

GIRLEEN. Y para colmo mi embarazo. *(Pausa.)* No, que es broma.

Welsh la mira a ella y a los dos hermanos con tristeza, mientras se dirige tambaleándose hacia la puerta.

WELSH. Y vosotros dos basta ya de pelearos, por amor de Dios. *(Sale.)*

GIRLEEN. El padre Walsh Welsh no tiene sentido del humor. Le acompañaré a casa, no vaya a ser que le sacuda una coz una vaca como la última vez.

COLEMAN. Nos vemos, Girleen.

VALENE. Nos vemos, Girleen. *(Girleen sale. Pausa.)* ¿Qué tío, eh?

COLEMAN. *(Mostrando acuerdo.)* ¿Eh? Qué tío.

VALENE. Hay que ver, ¿eh? Si llega a descubrir que le volaste la cabeza a papá a propósito, probablemente se ponga el triple de sensiblero.

COLEMAN. Se toma las cosas muy a pecho.

VALENE. Demasiado a pecho.

Oscuro.

ESCENA 2

Anochecer. Contra la pared del fondo y bloqueando la antigua chimenea, hay ahora una cocina de gas nueva, grande y de color naranja con una «V» pintarrajeada en su parte frontal. Coleman, con las gafas puestas, está sentado en el sillón de la izquierda, leyendo un ejemplar del ¡Hola!, *con un vaso de aguardiente al lado. Entra Valene, con una bolsa. Lenta y parsimoniosamente, apoya la mano en diferentes partes de la cocina para comprobar si ha sido usada recientemente. Coleman suelta un resoplido indignado.*

VALENE. Le estoy echando un ojo.

COLEMAN. Ya veo que le estás echando un ojo.

VALENE. Me gusta echarle un ojo si estás en casa.

COLEMAN. En eso te las pintas solo, en echarle un ojo.

VALENE. Nada más que un poquino, vaya. ¿Me entiendes? Por si acaso, vaya.

COLEMAN. No tocaría tu cocina ni aunque me metieras una tetera por el culo.

VALENE. Mi cocina, dices bien.

COLEMAN. Ni aunque me pagaras tocaría tu puta cocina.

VALENE. No te voy pagar por tocar mi puta cocina.

COLEMAN. No, si eso no lo dudo, agarrado de mierda.

VALENE. Además, que *mi* cocina está bien dicho. ¿Pagaste *tú* las trescientas libras? ¿Instalaste *tú* el gas? No. ¿Quién lo hizo? Yo. Con mi dinero. ¿Fue con tu dinero? No, fue con mi dinero.

COLEMAN. Ya sé que fue con tu dinero.

VALENE. Si hubieras hecho alguna aportación te diría: adelante y usa mi cocina, pero no lo hiciste, así que olvídate.

COLEMAN. Ni siquiera necesitamos una cocina.

VALENE. Igual tú no necesitas una cocina, pero yo sí.

COLEMAN. ¡Pero si no comes nunca, me cago en la leche!

VALENE. ¡Empezaré a hacerlo! Por Dios que te juro que lo haré. *(Pausa.)* Esta cocina es mía, esas figuritas son mías, esa escopeta, esas sillas, esa mesa. Mías. ¿Qué más? El suelo, los estantes, todo en esta puta casa es mío. Ni se te ocurra tocar nada. No sin mi expreso consentimiento.

COLEMAN. Pues va a ser difícil no tocar tu puto suelo.

VALENE. No sin mi expreso...

COLEMAN. A no ser que me ponga a levitar.

VALENE. No sin mi expreso...

COLEMAN. Como los moros esos.

VALENE. *(Enfadado.)* ¡No sin mi puto expreso consentimiento, me oyes!

COLEMAN. Tu expreso consentimiento, que sí.

VALENE. Que esto lo heredé yo. Yo y nadie más que yo.

COLEMAN. No lo heredaste. Se te *concedió*.

VALENE. A mí y nadie más que a mí.

COLEMAN. Se te concedió.

VALENE. Y no se te ocurra tocar nada. *(Pausa.)* ¿Qué moros?

COLEMAN. ¿Eh?

VALENE. ¿Qué moros levitan?

COLEMAN. Los moros esos. En sus alfombras. Los moros esos, que levitan.

VALENE. Son paquis. ¡Qué moros ni qué cojones!

COLEMAN. ¡Es lo mismo!

VALENE. ¡Qué va a ser lo mismo! Son paquis, como los que les silban a las serpientes.

COLEMAN. Ahora vas a ser experto en paquis.

VALENE. *Soy* experto en paquis.

COLEMAN. Seguro que vas por ahí enamorándote de paquis también, ¡a que sí! Como si lo viera.

VALENE. No me vengas ahora con lo de enamorarse.

COLEMAN. ¿Qué fuiste a comprar, don quiero-casarme-con-un-paqui?

VALENE. ¿Quieres saber qué fui a comprar?

Saca dos figuritas de la bolsa y las coloca delicadamente en el estante.

COLEMAN. Ay, me cago en mi puta vida...

VALENE. No digas palabrotas, Coleman. No delante de los santos. Que es pecado. *(Saca ocho paquetes de patatas fritas de la bolsa y los deja sobre la mesa.)* Y también algunas Taytos compré.

COLEMAN. Si compras patatas fritas son mejores las McCoys.

VALENE. Compraré lo que yo quie...

COLEMAN. So agarrado.

VALENE. *(Pausa. Lanzándole una mirada fulminante.)* No pienso comprar unas patatas que saben exactamente igual y cuestan el doble, Coleman.

COLEMAN. No saben igual y además están onduladas.

VALENE. Sí que saben igual, ¿y qué cojones me importa que estén onduladas?

COLEMAN. Las Taytos no son más que porquería seca y lo sabe todo el mundo.

VALENE. No, si ahora vas a ser tú el experto mundial en patatas fritas. ¿Qué más da que sean porquería seca? Cuestan diecisiete peniques y, además, ¿de quién son estas patatas? Son mis patatas.

COLEMAN. Son tus patatas.

VALENE. Mis patatas, mías y solo mías.

COLEMAN. O mejor unas Ripples.

VALENE. Ripples mis cojones y además no te veo yo muy contento con tu... ¿Qué es eso?

Coge el vaso de Coleman y lo olisquea.

COLEMAN. ¿Qué es qué?

VALENE. Esto.

COLEMAN. Es mío.

VALENE. Mis cojones tuyo. No tienes dinero para comprarte el tuyo.

COLEMAN. Sí que tengo.

VALENE. ¿De dónde lo has sacado?

COLEMAN. ¿Ahora esto es un interrogatorio?

VALENE. Lo es.

COLEMAN. Que te den por culo.

Valene saca su aguardiente de la lata de galletas para comprobar si falta algo. Coleman deja a un lado la revista, coge el vaso y se sienta a la mesa.

VALENE. Aquí has metido mano.

COLEMAN. No he metido mano en ningún sitio.

VALENE. Parece muy... reducido.

COLEMAN. Reducido mis cojones. No tocaría el tuyo aunque me metieras una puñetera...

VALENE. *(Dándole un sorbo, receloso.)* Lo has rellenado con agua.

COLEMAN. Piensa lo que quieras. No he tocado tu aguardiente.

VALENE. ¿De dónde ibas a sacar el dinero para...? ¡Mi seguro de hogar! ¡Cabrón de...!

Desesperadamente va en busca del talonario de los seguros y lo examina.

COLEMAN. Ingresé tu seguro de hogar.

VALENE. Esta no es la firma de Duffy.

COLEMAN. Pues claro que es la firma de Duffy. ¿No dice ahí «Duffy»?

VALENE. ¿Lo ingresaste?

COLEMAN. Sí.

VALENE. ¿Por qué?

COLEMAN. Anda, pues por hacerte un favor, después de todos los favores que me has hecho todos estos años.

VALENE. Es fácil de comprobar.

COLEMAN. Es fácil de comprobar. Adelante, compruébalo, so cabrón. Compruébalo y ojalá revientes.

Confuso, Valene guarda el talonario.

COLEMAN. No solo con dinero se puede conseguir alcohol. No. Con *sex appeal* también se puede.

VALENE. ¿*Sex appeal*? ¿Tú? Tu *sex appeal* no alcanzaría ni para comprar las babas de un sapo muerto.

COLEMAN. Tienes derecho a pensar lo que quieras. Girleen piensa otra cosa.

VALENE. ¿Girleen? Mis cojones.

COLEMAN. Es verdad.

VALENE. ¿Eh?

COLEMAN. Le dije dame una botella a crédito y te daré un besazo. Dijo: «Si me dejas tocarte la entrepierna puedes quedarte la botella gratis». Allí mismo que cerramos el trato.

VALENE. Girleen no te tocaría la entrepierna aunque le compraras un pony, como para regalarte encima una botella de aguardiente.

COLEMAN. Yo solo digo la verdad y nada más que la verdad, a Dios pongo por testigo. ¿Cómo iba si no a conseguir aguardiente por la gorra?

VALENE. *(Dubitativo.)* Mis cojones. *(Pausa.)* ¿Eh? *(Pausa.)* Girleen es guapa. *(Pausa.)* Girleen es puñeteramente guapa. *(Pausa.)* ¿Por qué iba a tocarte Girleen la entrepierna?

COLEMAN. A Girleen le gustan los hombres maduros.

VALENE. No te creo.

COLEMAN. Pues no me creas.

VALENE. *(Pausa.)* ¿Cómo se siente?

COLEMAN. ¿Cómo se siente el qué?

VALENE. Que te toquen la entrepierna.

COLEMAN. Ah, pues es bastante agradable.

VALENE. *(Dubitativo.)* No te creo. *(Pausa.)* No, no te creo para nada.

Coleman abre y empieza a comerse un paquete de las patatas de Valene.

VALENE. Girleen no te tocaría la entrepierna. Ni de casualidad te iba a tocar Girleen la... *(Atónito.)* ¿Quién dijo que podías comerte mis patatas?

COLEMAN. Nadie.

VALENE. ¡¿En mis narices?!

COLEMAN. Lo decidí por mi cuenta.

VALENE. ¡Pues por tu cuenta me vas a pagar diecisiete peniques! ¡Y ahora mismo que me los vas a pagar!

COLEMAN. ¿Ahora mismo, dices?

VALENE. ¡Precisamente!

COLEMAN. ¿Con la de dinero que tienes ahorrado?

VALENE. Y si no me pagas te daré una zurra.

COLEMAN. ¿Tú? ¿Una zurra tú? Mira como tiemblo.

VALENE. ¡Diecisiete peniques! ¿Me has oído?

Pausa. Coleman lentamente saca una moneda del bolsillo y, sin mirarla, la deja con un golpe en la mesa.

VALENE. *(Mira la moneda.)* Eso son diez.

Coleman mira la moneda, saca otra y la deja también con un golpe.

COLEMAN. Puedes quedarte el cambio.

VALENE. Ah, ¿que puedo quedarme el cambio, eh?

Se mete en el bolsillo las monedas, saca tres peniques, abre una de las manos de Coleman y le da el dinero.

VALENE. No necesito tu caridad.

Se da la vuelta. Sin levantarse de la silla, Coleman arroja las monedas con fuerza a la nunca de Valene.

VALENE. ¡Hijo de puta! ¡Ven aquí si te atreves!

Coleman se levanta de un salto, tirando al suelo la silla.

COLEMAN. ¿Que si me atrevo?

VALENE. ¿Te parece normal ponerte a tirar monedas?

COLEMAN. Pues sí. Y recoge el dinero para tu puñetera hucha, mariquita virgen de mierda...

Los dos forcejean, caen al suelo y se pelean mientras ruedan de un lado a otro. Entra Welsh por la puerta principal, ligeramente ebrio.

WELSH. ¡Ey! ¡Vosotros dos! ¡Vosotros dos! *(Pausa. Alzando la voz.)* ¡Vosotros dos!

COLEMAN. *(Irritado.)* ¡Qué!

WELSH. Tom Hanlon acaba de suicidarse.

VALENE. ¿Eh?

WELSH. Tom Hanlon acaba de suicidarse.

VALENE. *(Pausa.)* Suéltame el cuello, tú.

COLEMAN. Pues suéltame el brazo.

Los dos lentamente se sueltan y se ponen en pie, mientras Welsh se sienta a la mesa, aturdido.

WELSH. Se puso a caminar hacia el lago desde el embarcadero. Y siguió caminando. Su cadáver está en la orilla. Su padre tuvo que sacarme borracho del pub de Rory para que dijera unas oraciones por su alma, tambaleándome como estaba.

VALENE. ¿Tom Hanlon? Por Dios. Si ayer mismo hablé con él. En el funeral.

WELSH. Un niño lo vio. Lo vio sentado en el banco del embarcadero, con una pinta, mirando a las montañas al otro lado del lago. Y cuando se acabó la pinta se levantó y se puso a andar, con la ropa puesta, y no dejó de andar. No dejó de andar hasta que su pobre cabeza se sumergió bajo el agua. Y ni siquiera entonces dejó de andar.

COLEMAN. *(Pausa.)* Nunca me gustó ese puñetero Tom Hanlon. Siempre tan pagado de sí mismo, como todos los puñeteros polis...

WELSH. *(Enfadado.)* El pobre hombre no está ni tieso todavía, Coleman Connor. ¿Es necesario que hables así de él?

COLEMAN. Es necesario. Sería un hipócrita si hiciera lo contrario.

VALENE. Un hipócrita dice. ¿Ha visto qué tío, padre? Se acaba de comer una bolsa de mis patatas sin pedir permiso...

COLEMAN. Te las pagué esas patatas...

VALENE. Y luego dice que no es un hipócrita.

COLEMAN. Te pagué tres peniques más de lo que valen esas patatas. ¿Se puede saber por qué comerte unas patatas te convierte en un hipócrita?

VALENE. Pues porque sí. Y toquetear a una colegiala es otro crimen, padre.

COLEMAN. No toqueteé a ninguna colegiala. Una colegiala me toqueteó a mí.

VALENE. ¡Es lo mismo!

WELSH. ¿De qué colegiala estamos hablando?

COLEMAN. De Girleen. Subió esta tarde y pasamos un buen rato. Y tanto que lo pasamos.

WELSH. ¿Girleen? Pero si Girleen lleva ayudándome a lavar los uniformes de las benjaminas todo el día y no se apartó de mi lado.

Avergonzado, Coleman se levanta y se dirige a su cuarto. Valene le bloquea el paso.

VALENE. ¡Ajá! ¡Ajá! ¿Ahora quién es el mariquita virgen de mierda? ¿Ahora quién es el mariquita virgen de mierda?

COLEMAN. Déjame pasar ahora mismo.

VALENE. ¿Ahora mismo, eh?

COLEMAN. Que me dejes pasar, ¿no me has oído?

VALENE. ¡Ya lo sabía yo!

COLEMAN. ¿Te mueves tú o te muevo yo?

VALENE. ¿Lo sabía o no lo sabía? ¿Eh?

COLEMAN. ¿Eh?

VALENE. ¿Eh?

WELSH. Coleman, vuelve aquí. Que tenemos...

COLEMAN. ¡Y usted cierre el puto pico, Welsh o Walsh o como cojones se llame, don curita! Si viene aquí a acusar a Coleman Connor de mentir no espere ser... no esperará ser... ser...

Entra en su cuarto, cerrando la puerta de golpe.

VALENE. ¡Eres un tartamudo de mierda! «Ser... Ser... Ser...». *(A Welsh.)* ¿O no?

Según Valene se gira hacia Welsh, Coleman sale corriendo, le da una patada a la cocina y vuelve corriendo a su cuarto, mientras Valene intenta sin éxito atraparlo.

VALENE. ¡Hijo de la gran puta! *(Comprobando que la cocina no tenga daños.)* ¡Mi puñetera cocina nueva! ¡Como le hayas hecho algo lo pagas tú, cabronazo! ¿Ha visto eso, padre? ¿Está loco o no está loco? *(Pausa.)* ¿Qué, le gusta mi cocina nueva, padre? ¿Es buena o no es buena?

COLEMAN. *(Fuera.)* ¿Ve esa «V» en su cocina, padre? ¿Cree que es de Valene? No lo es. Es una «V» de virgen, eso es.

VALENE. ¿Con que sí, eh?

COLEMAN. *(Fuera.)* «V» de virgen, ajá.

VALENE. ¿Pues no eres tú el rey de los vírgenes?

COLEMAN. *(Fuera.)* Valene el Virgen representa esa «V».

VALENE. ¡El puñetero rey de los vírgenes eres! ¡Y deja de escuchar tras la puerta!

COLEMAN. *(Fuera.)* Haré lo que me dé la gana.

Valene comprueba su cocina de nuevo. Welsh está al borde de las lágrimas.

VALENE. *(Refiriéndose a la cocina.)* No, yo creo que está bien...

WELSH. ¿Tú te das cuenta? Entro y os encuentro a los dos peleándoos. Pues muy bien, si no hacéis otra cosa que pelearos. No tenéis remedio. Demasiadas veces lo he intentado ya...

VALENE. ¿Está llorando, padre? Padre, ¿o es que anda resfriado? Ah, será un resfriado...

WELSH. Estoy llorando.

VALENE. Pues es la primera vez que veo algo así.

WELSH. Porque entro, y os digo que un tipo acaba de suicidarse, un tipo con el que fuisteis al colegio... un tipo con el que crecisteis... un tipo que nunca tuvo una mala palabra para con nadie y que hizo todo lo que pudo por servir a la comunidad cada día de su vida... y os digo que se ha ahogado, que es una forma horrible de morirse, y no solo ni pestañeáis... ¡no solo ni pestañeáis, sino que os ponéis a discutir de patatas fritas y de cocinas!

VALENE. Yo sí que pestañeé.

WELSH. ¡Pues no lo noté!

VALENE. Pestañeé de lo lindo.

WELSH. ¡Pues vale, pero no lo noté!

Welsh esconde la cabeza entre las manos. Valene hace lo mismo. Luego con un pie se acerca la bolsa de patatas del suelo, y vuelve a mirar la cocina.

VALENE. *(Pausa.)* Pero ¿es o no es una cocina bonita, padre?

Valene se acerca a la cocina.

VALENE. Solo hace un día que la instalé. Todavía huele a nueva. Coleman tiene prohibido tocarla porque Coleman no puso ni un penique, porque Coleman no *tiene* ni un penique. *(Recoge los tres peniques del suelo.)* Tiene tres peniques, pero tres peniques no alcanzan para una cocina. Ni de lejos alcanzan. Me tiró los tres peniques a la cabeza antes, ¿sabe? *(Cayendo en la cuenta, enfadado.)* Pero si no tiene dinero y no lo toquetearon, ¿de dónde cojones ha salido el aguardiente? ¡Coleman...!

WELSH. *(Gritando.)* ¡Valene, pedazo de imbécil!

VALENE. ¿Qué? Ah, sí, pobrecito Thomas.

Asiente con fingida empatía.

WELSH. *(Pausa. Triste, levantándose.)* Vine a buscaros para que me acompañarais al lago y llevásemos el cuerpo del pobre Thomas a casa de su padre. ¿Me ayudáis o no?

VALENE. Yo lo ayudaré, padre. Yo lo ayudaré.

WELSH. *(Pausa.)* Joder. Dos asesinatos y un puñetero suicidio. Dos asesinatos y un puñetero suicidio...

Sale, sacudiendo la cabeza.

VALENE. *(Gritando.)* Pero que no fue culpa suya, padre. ¡No se vaya a poner sensiblero otra vez! *(Pausa.)* ¿Coleman? Voy a bajar al...

COLEMAN. *(Fuera.)* Ya lo he oído.

VALENE. ¿Vienes?

COLEMAN. *(Fuera.)* Ni de coña voy a ir. ¿Para ir con un policía muerto a cuestas por medio del campo? ¿Un policía muerto que no hacía más que burlarse de mis flexiones en clase de gimnasia? Ni de coña pienso ir, vamos.

VALENE. No perdonas una, ¿eh? De todas maneras lo que el padre Welsh necesita es un hombre bien fuerte, y no un mariquita virgen de mierda que no puede pagar a un chimpancé borracho para que lo toquetee.

Sale rápidamente. Coleman irrumpe en la habitación y la descubre vacía. Se acerca a la puerta y se queda allí, pensando, observando la habitación. Se fija en la cocina. Coge algunas cerillas y abre la puerta del horno.

COLEMAN. ¿Un mariquita virgen de mierda, eh? ¿Qué tal si ponemos el gas a tope sin venir a cuento? ¿Lo ponemos? ¿Qué te parece?

Enciende el horno, sube el gas, cierra la puerta y se mete en su cuarto. Vuelve a los pocos segundos y mira en torno a la habitación.

¿Sin venir a cuento, eh?

Saca una fuente de horno de un armario, coloca todas las figuritas del estante en la fuente y mete la fuente en el horno, cerrando luego la puerta.

Ya veremos quién es el mariquita virgen de mierda que no puede pagar a un chimpancé borracho para que lo toquetee. Eso ya lo veremos, me cago en Dios.

Se pone la chaqueta, se peina el pelo durante dos segundos con un peine barato y sale por la puerta principal. Oscuro.

Escena 3

Unas pocas horas después. Entran Valene y Welsh, ligeramente borrachos. Valene saca de su lata el aguardiente y se sirve un vaso. Welsh lo observa.

Valene. Menuda faena, ¿eh?

Welsh. Horrible. Horrible de verdad. Y no supe decirles nada. Nada de nada.

Valene. ¿Qué les iba a decir? Lo único que querían escuchar era: «vuestro hijo no está muerto». Y eso no habría servido de nada. No con él allí tirado y chorreando en el salón.

Welsh. ¿Oíste alguna vez llorar así a alguien, Valene?

Valene. Se podría haber llenado un lago con las lágrimas de esa familia. O una reberca al menos.

Welsh. *(Pausa.)* ¿Una qué?

Valene. Una reberca. Una reberca de esas.

Welsh. ¿Una alberca?

Valene. Pues eso, una reberca. Y Mairtin lloraba como el que más. Nunca vi llorar tanto a Mairtin. Supongo que es lo que te mereces por cortarle las orejas a un pobre perro.

Welsh. Me imagino que si pierdes a tu único hermano es normal que llores.

Valene. Yo no lloraría si perdiera a mi único hermano. Compraría una tarta gigante e invitaría a todo el mundo.

Welsh. Anda, Valene. Si ni siquiera eres capaz de llevarte bien con tu propio hermano, ¿cómo vamos a esperar que haya paz en el mundo...?

Valene. Paz mis cojones, y no me dé la matraca, mire. Siempre le da por quejarse de lo mismo cuando está borracho.

Se sienta a la mesa con el vaso y la botella.

Welsh. *(Pausa.)* Menudo sitio para suicidarse, con lo lúgubre que es el puñetero lago. Me pongo triste solo de pensarlo. Pensar en el pobre Tom allí sentado él solo, a solas con sus pensamientos, con el lago helado delante, venga a darle vueltas a la cabeza. Una vida llena de la soledad que acabó llevándole allí, pero una vida llena también de cosas buenas. Cualquier vida tiene sus cosas buenas, incluso si es solo... ver ríos, o irse de viaje, o ver el fútbol en la tele...

VALENE. *(Asintiendo.)* El fútbol, claro...

WELSH. O la esperanza de encontrar el amor, algún día. Y el pobre Thomas venga a darle vueltas, con todo eso por un lado, y por el otro una muerte en el agua helada, y va y acaba eligiendo el agua. Al principio es que te parece una estupidez, y una pérdida inútil. «Solo tenías treinta y ocho años, tenías buena salud y amigos, pues anda que no hay desgraciados en el mundo que lo tienen bastante peor que tú, Tom Hanlon...».

VALENE. La chica que nació sin labios en Noruega.

WELSH. No sé de qué me hablas.

VALENE. Pues es que resulta que hay una chica, en Noruega, que nació sin labios.

WELSH. Ajá... Pero luego te dices: si tan buen lugar es el mundo como para que merezca la pena, ¿dónde estaban sus amigos cuando los necesitaba en este mundo tan bueno? Cuando más los necesitaba, ¿me entiendes? Para que le dijeran: «Vámonos de aquí, so bobo, que te vamos a echar de menos, vales mucho por muy retrasado que seas». ¿Dónde estaban entonces sus amigos? ¿Y yo, dónde estaba yo entonces? En un pub, borracho como un piojo. *(Pausa.)* Y ahora se pudre en el infierno, Tom Hanlon. Según la Iglesia católica, al menos, como todos los suicidas. Nada de arrepentirse. Sin piedad.

VALENE. ¿Es verdad? ¿Todos los suicidas, dice?

WELSH. Es verdad. Al menos según nuestro gremio.

VALENE. Pues no lo sabía. Menuda sorpresa. *(Pausa.)* ¿Entonces el fulano de *Alias Smith and Jones*[60] también está en el infierno?

WELSH. No sé quién es el fulano de *Alias Smith and Jones.*

VALENE. El rubio no, el otro.

WELSH. No sé quién es.

60 Una serie estadounidense, ambientada en el Oeste, de principios de los años setenta, protagonizada por Pete Duel y Ben Murphy. Valene se refiere a Pete Duel, que se suicidó de un disparo a los 31 años.

VALENE. Se suicidó, y cuando estaba en su mejor momento, además.

WELSH. Pues, si se suicidó, sí, estará también en el infierno. *(Pausa.)* Es genial. Puedes asesinar a doce tíos, puedes asesinar a dos docenas de tíos. Mientras luego te arrepientas puedes entrar en el cielo. Pero si te matas a ti mismo, eso ya no. De cabeza al infierno.

VALENE. Pues qué injusto. *(Pausa.)* ¿Entonces Tom estará en el infierno? Pues sí que. *(Pausa.)* ¿Se habrá encontrado ya al fulano de *Alias Smith and Jones*? Claro que será ya un viejo. Tom probablemente ni lo reconozca. Eso si es que vio *Alias Smith and Jones*. Yo solo la vi en Inglaterra. Igual solo la echaban en la tele de allí.

WELSH. *(Suspirando.)* ¿No me invitarás a un traguito de ese aguardiente, Valene? Tengo una sed que me muero...

VALENE. Es que solo me queda un culín, padre, y me hace falta a mí...

WELSH. Pero si tienes media botella...

VALENE. Y si me quedara algo lo compartiría, pero no me queda. Además, ¿le parece bien que los curas beban? No, no está bien, o al menos no la misma noche que...

WELSH. Compartirás y compartirás por igual, dice la Biblia. O en algún sitio lo dice...

VALENE. No la misma noche que dejó que se suicidara uno de sus propios feligreses, que no me ha dejado terminar la frase.

WELSH. ¡¿Te parece bonito decirme eso?! ¡¿Te parece que es lo que necesito oír?!

VALENE. *(Murmurando.)* Anda que tratar de gorronearle un trago a un pobre tipo, con lo que cobra usted.

Se levanta, mete la botella de nuevo en su lata de galletas y cuidadosamente vuelve a precintarla con el celo, tarareando mientras lo hace.

WELSH. Esta noche tu casa huele un poco raro, Val, ¿no te parece?

VALENE. Si va a criticar el olor de mi casa, ahí tiene la puerta.

WELSH. Como a plástico, ¿no?

VALENE. Me quiere gorronear el alcohol y luego me dice que mi casa huele. Es la repera.

WELSH. *(Pausa.)* Por lo menos Coleman bajó a ayudarnos con el pobre Thomas, aunque llegara tarde. Pero lo de decirle luego a la pobre madre de Thomas que si luego iba a haber volovanes no estuvo nada bien.

VALENE. Ahí se pasó un poco de la raya.

WELSH. Con ella allí sentada venga a llorar, y él venga a preguntarle una y otra vez: «¿Luego habrá volovanes, señora?».

VALENE. Si hubiera estado borracho podría ser una excusa, pero no lo estaba. Era solo por fastidiar. *(Riéndose.)* Aunque la verdad es que fue gracioso.

WELSH. A todo esto, ¿dónde se ha metido? Pensé que venía con nosotros.

VALENE. Se paró a atarse los cordones hace un rato. *(Pausa. Cayendo en la cuenta.)* Pero Coleman no usa cordones. Usa mocasines. *(Pausa.)* ¿Dónde están todas mis Vírgenes María?

Se apoya sobre la cocina, colocando una mano encima, para ver si las figuritas se han caído detrás. El calor abrasador le quema las manos y las aparta, chillando.

VALENE. *(Histérico.)* Pero ¿qué...? ¿Qué...?

WELSH. ¿Qué pasa, Valene? ¿Te dejaste la cocina puesta?

Atónito, Valene abre la puerta de la cocina con un trapo. Sale humo. Saca la fuente humeante llena de plástico fundido, asqueado la coloca en la mesa y delicadamente saca una de las figuritas medio derretidas con el trapo.

WELSH. Se te han fundido todas las figuritas, Valene.

VALENE. *(Retrocediendo estupefacto.)* ¡Lo mato! ¡Yo lo mato!

WELSH. Me apostaría que fue Coleman, Valene.

VALENE. ¡Hasta aquí hemos llegado! ¡A ese hijoputa lo mato!

Valene coge la escopeta de la pared y camina a un lado y otro de la habitación aturdido, mientras Welsh se levanta y trata de calmarlo.

WELSH. ¡Anda, por Dios, Valene! ¡Deja esa escopeta!

VALENE. ¡Le voy a reventar la cabeza! ¡Su puñetera cabeza le voy a reventar! Le digo que no toque mi cocina y le digo que no toque mis figuritas, ¿y qué hace? ¡Me cuece las figuritas en el horno! *(Mirando la fuente.)* ¡Esta la bendijo el papa! ¡A esta se la regalaron a mamá los yanquis! ¡Y no queda ninguna! ¡Ninguna! ¡Solo las puñeteras cabezas ahí flotando!

WELSH. ¡No puedes pegarle un tiro a tu hermano por unos objetos inanimados, Valene! Dame esa escopeta, anda.

VALENE. ¿Objetos inanimados? ¿Mis figuritas de santos? ¿Y se hace llamar cura? No me extraña que sea el hazmerreír de la Iglesia católica de Irlanda. Y anda que no hay competencia, me cago en la leche.

WELSH. Dámela, ¿me oyes? Que estás hablando de matar a alguien que es sangre de tu sangre.

VALENE. ¿Sangre de mi sangre, y qué? Si él puede hacerlo e irse de rositas, ¿por qué yo no?

WELSH. ¿De qué hablas? Lo de Coleman y vuestro padre fue solo un accidente y lo sabes perfectamente.

VALENE. ¡Solo un accidente mis cojones! Es usted el único idiota en Leenane que se cree que ese disparo fue un accidente. Pues no se metió papá con Coleman a cuenta del peinado, y no salió corriendo Coleman y lo arrastró del pelo y le voló la tapa de los sesos, lo mismito que llevaba prometiendo hacer desde que tenía ocho años, cuando papá le pisó el Scalextric y lo partió en dos...

Coleman entra por la puerta.

COLEMAN. La verdad es que ese Scalextric me encantaba. Los faros de los coches brillaban en la oscuridad.

Valene se gira y apunta con la escopeta a Coleman. Welsh retrocede gimoteando, llevándose las manos a la cabeza. Coleman con toda tranquilidad se acerca a la mesa y se sienta.

WELSH. ¡No es verdad! ¡No es verdad!

COLEMAN. Mira qué blanco se ha puesto este...

VALENE. ¡Tú a callar! Ni se te ocurra abrir la puta boca en el lugar del delito...

WELSH. Dime que no disparaste a tu padre a propósito, Coleman. Por favor...

VALENE. ¡Esto no va de nuestro puñetero padre! ¡Esto va de mis puñeteras figuritas!

COLEMAN. ¿Se da cuenta de las prioridades del fulano este?

VALENE. ¡Derretir figuritas es pecado!

WELSH. ¡Y también pegarle a tu padre un tiro en la cabeza!

VALENE. ¡Y encima con el gas a tope!

WELSH. Por favor, Coleman, dímelo, por favor. Quiero oírte decir que no disparaste a tu padre a propósito. Por favor, anda, dímelo...

COLEMAN. ¿Queréis tranquilizaros? *(Pausa.)* Por supuesto que disparé a papá a propósito.

Welsh se pone a gimotear de nuevo.

COLEMAN. A mí nadie me critica. ¿Así que mi pelo es como el de un niño borracho, eh? ¡Me acababa de peinar y no tenía nada de malo! Y sé perfectamente que disparar a tu padre en la cabeza es pecado, pero hay insultos que no tienen excusa.

VALENE. Y cocer figuritas es más pecado todavía, sobre todo si son de la Virgen María.

COLEMAN. Anda que fue a hablar el de la escopeta. Y le diré qué otra cosa es pecado antes de que me pegue un tiro el fulano este... *(A Welsh.)* Ey, quejica, ¿me está escuchando...?

WELSH. Te escucho, te escucho, te escucho...

COLEMAN. Le diré qué otra cosa es pecado. Sentar a tu hermano en una silla, con los sesos de su padre por encima, y prometer que le dirá a todo el mundo que solo fue un accidente...

VALENE. Cierra la puñetera boca...

COLEMAN. Siempre y cuando allí mismo le cedas todo lo que tu padre decidió dejarte en su testamento...

WELSH. No... no... no...

COLEMAN. Su casa y sus tierras y su mesa y sus sillas y su dinero que te dedicas a despilfarrar en cocinas de los cojones que solo compraste para torturarme, puto cabrón...

WELSH. No, por Dios... no...

VALENE. ¡Dile adiós al mundo, cabronazo!

Coleman. Y en puñeteras Taytos encima, que son las peores patatas fritas del mundo...

Valene amartilla la escopeta, con la que encañona la cabeza de Coleman.

Welsh. ¡No, Valene, no!

Valene. ¿No me oíste? Que digas adiós al mundo, cabrón.

Coleman. Adiós al mundo, cabrón.

Valene aprieta el gatillo. Suena un clic hueco. Aprieta el gatillo de nuevo. Otro clic. Una tercera vez, y otro clic, a la vez que Coleman se lleva la mano al bolsillo y saca dos cartuchos.

Coleman. ¿Te crees que soy imbécil? *(A Welsh.)* ¿Se da cuenta, padre? Mi propio hermano me quería volar la cabeza.

Valene. Dame las puñeteras balas.

Coleman. No.

Valene. Que me des las puñeteras balas te he dicho.

Coleman. No te las voy a dar.

Valene. Dame las puñeteras...

Valene trata de arrancar las balas del puño cerrado de Coleman, mientras este se ríe. Valene agarra a Coleman por el cuello y ambos caen al suelo, forcejando y rodando por el cuarto. Welsh los mira estupefacto, horrorizado. Se fija en la fuente de plástico humeante que tiene al lado y, casi sin pensar, mientras siguen forcejeando, aprieta los puños y lentamente los sumerge en el líquido abrasador. Apretando los dientes y sin respirar, Welsh logra contener un grito durante diez o quince segundos hasta que, con los puños aún sumergidos, suelta un horrible aullido agudo que dura unos diez segundos, durante el cual Valene y Coleman dejan de luchar, se ponen de pie y tratan de ayudarlo...

Valene. Padre Walsh, pero...

Coleman. Padre Walsh, padre Walsh...

Welsh saca los puños de la fuente, en carne viva, logra contener los gritos de nuevo, mira de arriba a abajo a unos horrorizados Valene y Coleman, desesperado y martirizado, tira la fuente de la mesa y sale a toda prisa por la puerta, con los puños encogidos de dolor contra el pecho.

WELSH. *(Mientras sale, gritando.)* ¡Que me llamo Welsh!

Valene y Coleman se quedan mirando la puerta durante unos instantes.

COLEMAN. Se ha vuelto loco.

VALENE. Loco de remate.

COLEMAN. Menudo cafre. *(Señalando la fuente.)* ¿Pretende que lo limpiemos nosotros?

Valene saca la cabeza por la puerta y grita.

VALENE. ¿Pretende que limpiemos nosotros este desastre?

COLEMAN. *(Pausa.)* ¿Qué ha dicho?

VALENE. Ya se había ido.

COLEMAN. Un cafre y nada más que un cafre. *(Pausa.)* Pues es tu puto suelo. Ya lo puedes limpiar tú.

VALENE. ¿Cómo dices?

COLEMAN. ¿Ves mis bonitas balas, Valene?

Coleman agita las dos balas frente a la cara de Valene, luego se mete en su cuarto.

VALENE. ¡Me cago en tus...!

La puerta de Coleman se cierra de golpe. Valene hace una mueca, se rasca la entrepierna con la mirada perdida y se huele los dedos. Pausa. Oscuro.

Intermedio.

ESCENA 4

De noche, un banco sencillo en un embarcadero a la orilla del lago, en el que Welsh está sentado con una pinta. Tiene las manos ligeramente vendadas. Girleen se acerca y se sienta a su lado.

WELSH. Girleen.

GIRLEEN. Padre. ¿Qué anda haciendo?

WELSH. Sentarme aquí nada más.

GIRLEEN. No, claro, ya veo. *(Pausa.)* Fue un sermón bonito el que dio hoy en lo de Thomas, padre.

WELSH. No estabas, ¿no?

GIRLEEN. Estaba lejos, al fondo. *(Pausa.)* Sus palabras casi me hacen llorar.

WELSH. ¿Llorar tú? Nunca en todos estos años he oído que te hayas puesto a llorar, Girleen. Ni en los funerales ni en las bodas. Ni siquiera lloraste cuando Holanda nos eliminó del puñetero Mundial.

GIRLEEN. De vez en cuando lloro si estoy a solas, por diferentes motivos...

WELSH. Ese puto Packie Bonner. Le metería un gol hasta una puta vaca.

Le da un sorbo a su pinta.

GIRLEEN. ¿No le parece que lleva ya unas cuentas, padre?

WELSH. No me vengas con esas, anda. Precisamente tú.

GIRLEEN. No le vengo con nada.

WELSH. Precisamente hoy.

GIRLEEN. No le venía con nada. Solo le tomo el pelo un poco a veces pero solo eso.

WELSH. ¿A veces, eh? Todo el tiempo, más bien, como todo el mundo por aquí.

GIRLEEN. Solo le tomo el pelo de vez en cuando, y solo para disimular la loca pasión que albergo por usted...

Welsh le lanza una mirada asesina. Ella sonríe.

GIRLEEN. Anda, que es una broma, padre.

WELSH. ¿Ves?

GIRLEEN. Anda, padre, acépteme una broma, ¿quiere? Es que siempre está tan subidito y siempre venga a pontificar que resulta un blanco fácil.

WELSH. Ni estoy tan subidito ni pontifico.

GIRLEEN. Tiene razón, no lo está.

WELSH. *(Pausa.)* ¿Lo estoy? ¿Estoy tan subidito y además pontifico?

GIRLEEN. No, anda. Bueno, no más que otros curas.

WELSH. Puede que sí que esté subidito. Quizás por eso no encajo en este pueblo. Aunque tendría que matar a la mitad de mi puñetera familia para encajar en este pueblo. Por Dios. Pensé que Leenane sería un lugar estupendo cuando llegué, pero no. Resulta que es la capital del crimen de la puñetera Europa. ¿*Tú* sabías que Coleman mató a su padre a propósito?

GIRLEEN. *(Bajando la cabeza, avergonzada.)* Me suena que hubo un rumor por ahí...

WELSH. ¿Un puñetero rumor? ¿Y ni pestañeaste? ¿Y no se te ocurrió denunciarlo?

GIRLEEN. Es que no soy ninguna chivata y además el padre de Coleman siempre fue un cascarrabias de la leche, la verdad. Una vez le pegó una patada a mi gato Eamonn.

WELSH. ¿Se merece morir un tipo por darle una patada a un gato?

GIRLEEN. *(Se encoge de hombros.)* Depende del tipo. Y del gato. Pero se patearían muchos menos gatos en Irlanda, ya se lo digo yo, si el tipo en cuestión supiera que le iban a pegar luego un tiro en la cabeza.

WELSH. Me parece que no te preocupa nada la moral, Girleen.

GIRLEEN. Claro que me preocupa la moral, solo que a diferencia de otros no me paso el día quejándome.

WELSH. *(Pausa.)* Val y Coleman acabarán matándose si alguien no hace nada por impedirlo. En todo caso no seré yo quien los detenga. Tendrá que ser alguien con agallas.

Saca una carta y se le da a Girleen.

WELSH. Les he escrito una cartita, Girleen, ¿me harás el favor de dársela la próxima vez que los veas?

GIRLEEN. ¿No los verá usted mismo dentro de poco?

WELSH. No los veré. Me marcho de Leenane esta misma noche.

GIRLEEN. ¿Se marcha? ¿A dónde?

WELSH. A cualquier sitio. A donde me manden. A cualquier sitio que no sea este.

GIRLEEN. Pero ¿por qué, padre?

WELSH. Por un montón de razones, la verdad. Aunque tres asesinatos y un suicidio entre mis feligreses no es que sean de mucha ayuda.

GIRLEEN. Pero ninguno fue culpa suya, padre.

WELSH. ¿Ah, no?

GIRLEEN. ¿Y además no tiene la semifinal de las benjaminas mañana por la mañana?

WELSH. Esas desgraciadas nunca han escuchado mis consejos. No veo por qué iban a empezar ahora. Nadie escucha nunca mis consejos. Nadie me escucha en general.

GIRLEEN. Yo sí que le escucho.

WELSH. *(Sarcástico.)* Ah, bueno, qué gran consuelo.

Girleen baja la cabeza, dolida.

WELSH. Y tú tampoco me escuchas. ¿Cuántas veces te he dicho que dejes de repartir por el pueblo el aguardiente de tu padre, y te ha entrado por un oído y salido por el otro?

GIRLEEN. Pero si solo lo hago para ahorrar unas perras, padre.

WELSH. ¿Unas pocas perras para qué? Para derrocharlas en los clubs de Carraroe mientras dejas que unos colegiales borrachos te metan mano.

GIRLEEN. Para nada, padre. Las ahorro para comprarme cosas bonitas del catálogo de moda de mi madre. Tienen un montón de...

WELSH. Para comprarte gilipolleces, sí. Ojalá tuviera en mi vida los mismos problemas que tú en la tuya, Girleen, la verdad. Menudo suplicio que tiene que ser.

Girleen se levanta y coge del pelo a Welsh, echándole la cabeza para atrás.

GIRLEEN. Si cualquier otro me hablara con ese retintín le daría un puto puñetazo en un ojo. ¡Pero si le diera a usted un puto puñetazo en el ojo probablemente se pusiera a llorar como una puñetera niña!

WELSH. No recuerdo haberte pedido que te sentaras aquí conmigo.

GIRLEEN. Pues es que no sabía que había una ley que prohibiera sentarse aquí con usted, aunque ahora que lo pienso ojalá hubiera una.

Le suelta y se aleja caminando.

WELSH. Siento haberte hablado con retintín, Girleen, sobre el catálogo de tu mamá o lo que sea. Lo siento.

Girleen se detiene, se da la vuelta y camina lentamente hacia al banco.

GIRLEEN. No pasa nada.

WELSH. Es solo que estoy un poco... No sé...

GIRLEEN. *(Sentándose a su lado.)* Sensible.

WELSH. Sensible. Sensible, exactamente.

GIRLEEN. Sensible y solo. El sensible y solitario padre Walsh. *Welsh.* *(Pausa.)* Lo siento, padre.

WELSH. Nadie se acuerda nunca.

GIRLEEN. Es solo que Walsh se parece mucho a Welsh, padre.

WELSH. Lo sé, si ya lo sé.

GIRLEEN. ¿Cuál es su nombre de pila, padre?

WELSH. *(Pausa.)* Roderick.

Girleen ahoga una risa. Welsh sonríe.

GIRLEEN. ¿Roderick? *(Pausa.)* Roderick es un nombre horrible, padre.

WELSH. Lo sé, y gracias por recordármelo, Girleen, pero solo tratas de animarme, ¿no?

GIRLEEN. Solo estoy siendo amable.

WELSH. A todo esto, ¿qué clase de nombre es Girleen para una chica? ¿En realidad cómo te llamas?

GIRLEEN. *(Avergonzada.)* Mary.

WELSH. *(Riéndose.)* ¿Mary? ¿Y te ríes de Roderick?

GIRLEEN. Mary es el nombre de la mamá de nuestro Señor Jesucristo, ¿no lo sabía?

WELSH. Creo que me suena de algo.

GIRLEEN. Por eso nunca consiguió nada por sus propios méritos. Puñetera Mary.

WELSH. *Tú* sí que conseguirás lo que quieras por tu propios méritos, Girleen.

GIRLEEN. ¿Lo piensa de verdad?

WELSH. ¿Con lo recia que eres? ¿Yendo por ahí amenazando con darle mamporros a los curas? Por supuesto.

Girleen le retira a Welsh el pelo de los ojos.

GIRLEEN. No le habría dado ningún mamporro, padre.

Le da una suave palmada en la mejilla.

GIRLEEN. Como mucho a lo mejor un cachetín.

Welsh sonríe y mira al frente. Girleen lo observa, luego aparta la vista, avergonzada.

WELSH. *(Pausa.)* No, la verdad es que solo vine a pensar un rato en Thomas antes de irme. Y a decir una oracioncita por él.

GIRLEEN. ¿Entonces se va esta noche?

WELSH. Esta noche, sí. Me prometí que me quedaría al funeral de Tom y que luego me marcharía.

GIRLEEN. Pero es demasiado apresurado. Nadie va a poder decirle adiós, padre.

WELSH. Decirme adiós, sí, y un «ya era hora» en cuanto les dé la espalda.

GIRLEEN. Para nada.

WELSH. ¿No?

GIRLEEN. No.

Pausa. Welsh asiente, escéptico, y da otro trago.

GIRLEEN. ¿Me escribirá desde el sitio ese al que va y me dará su dirección, padre?

Welsh. Lo intentaré, Girleen, sí.

Girleen. Solo para que podamos decirnos hola de vez en cuando, ya sabe.

Welsh. Sí, lo intentaré.

Mientras Welsh habla, Girleen intenta contener las lágrimas sin que él se dé cuenta.

Welsh. Desde aquí es de donde se puso a andar, ¿lo sabías? Pobre Tom. Con lo frío y lúgubre que parece. ¿Crees que fue cosa de valor o estupidez, Girleen?

Girleen. Valor.

Welsh. Yo también lo pienso.

Girleen. Y de Guinness.

Welsh. *(Riéndose.)* Yo también lo pienso. *(Pausa.)* Con lo triste y silencioso y tranquilo que es.

Girleen. Más de uno aparte de Thomas se ha suicidado aquí a lo largo de los años, ¿lo sabía, padre? Otros tres tipos se metieron en el lago desde este lugar, me lo contó mi mamá.

Welsh. ¿En serio?

Girleen. Hace años, muchos años. Igual en la época de la hambruna.

Welsh. ¿Se ahogaron?

Girleen. A todos les da por venir aquí.

Welsh. Deberían darnos miedo sus fantasmas, pero no tenemos miedo. ¿Por qué será?

Girleen. Usted no tiene miedo porque está más borracho que un piojo. Yo no tengo miedo porque... No sé por qué. Primero, porque está usted aquí, y segundo porque... No lo sé. Tampoco me dan miedo los cementerios de noche. Más bien lo contrario, me gustan los cementerios de noche.

Welsh. ¿Y eso por qué? ¿Porque eres una macarra morbosa?

Girleen. *(Avergonzada.)* Para nada. No soy una macarra. Es porque... incluso si estás triste o algo, o te sientes solo o algo, sigues estando mejor que esos pobres, ahí bajo tierra o en el lago, porque... al menos tienes la *oportunidad* de ser feliz y, aunque sea una oportunidad muy pequeña, es más de lo que tienen los muertos. Y no es que digas: «¡Ja! Estoy mejor que vosotros». No. Porque a la larga igual acabas teniendo una vida peor de la que tuvieron ellos y hubieras estado mejor muerto como ellos, en ese momento. Pero al menos mientras sigues aquí existe la *posibilidad* de ser feliz, y es como si los muertos lo supieran, y se alegraran por ti. Te dicen: «Buena suerte». *(En voz baja.)* Al menos así lo veo yo.

WELSH. Tienes un millón de ideas bullendo ahí detrás de esos enormes ojos marrones que tienes.

GIRLEEN. No sabía que se hubiera fijado en mis enormes ojos marrones. ¿A que son preciosos?

WELSH. Un día te convertirás en una mujer maravillosa, Girleen, Dios te bendiga.

Da otro trago.

GIRLEEN. *(En voz baja, triste.)* Un día, sí. *(Pausa.)* Me parece que me voy a ir yendo a casa, padre. ¿Se va a quedar aquí o se viene conmigo?

WELSH. Voy a quedarme aquí un ratito más, Girleen. Voy a decir esa oración por el pobre Thomas.

GIRLEEN. Entonces es un hasta luego.

WELSH. Lo es, sí.

Girleen le besa en la mejilla y se abrazan. Girleen se levanta.

WELSH. ¿Te acordarás de darle esa carta a Valene y Coleman, Girleen?

GIRLEEN. Me acordaré. ¿Qué hay dentro, padre? Suena de lo más misterioso. ¿No estará llena de condones, no?

WELSH. ¿A ti qué te parece?

GIRLEEN. Porque ya sabe, Valene y Coleman no es que les vayan a dar mucho uso, como no los usen con una gallina.

WELSH. Girleen, haz el favor...

GIRLEEN. Además iba a tener que ser una gallina ciega.

WELSH. Qué boca más sucia que tienes.

GIRLEEN. Sí, tanto mejor para... No, no voy a terminar esa frase. ¿Se ha enterado del nuevo pasatiempo de Valene, padre? Se ha recorrido toda Connemara en busca de nuevas figuritas de santos, pero solo de cerámica y de porcelana, para que no se las derritan. Treinta y siete tiene ya, y solo para torturar al pobre Coleman.

WELSH. Esos dos, vaya par de raros.

GIRLEEN. Y tanto que son raros. Son los raros más raros que hay. *(Pausa.)* Nos vemos, padre.

WELSH. Nos vemos, Girleen. O mejor Mary, ¿no?

GIRLEEN. Si me avisa de dónde para, le escribiré para contarle cómo les va a las benjaminas mañana. Aunque igual sale en el periódico. Con el titular de «Adolescente decapitada en un partido de fútbol».

Welsh asiente y sonríe de medio lado. Girleen se marcha despacio.

WELSH. Oye, ¿Girleen? Gracias por venir a sentarte un rato a mi lado. Ha sido importante para mí, la verdad.

GIRLEEN. Cuando quiera, padre. Cuando quiera.

Sale Girleen. Welsh vuelve a mirar al frente.

WELSH. *(En voz baja.)* No, no cuando quiera, Girleen. No cuando quiera.

Se termina su pinta, posa el vaso, se santigua y se queda allí sentado un momento, pensando. Oscuro.

ESCENA 5

El escenario está a oscuras salvo Welsh, que recita rápidamente su carta.

WELSH. Queridos Valene y Coleman, aquí el padre Welsh. Me voy para siempre de Leenane esta noche y quería deciros unas palabras a los dos, pero tranquilos que no os voy a dar un sermón, ¿porque total para qué? No sirvió de nada en el pasado y no va a servir de nada ahora. Lo único que quiero hacer es rogaros, porque soy un tipo que se preocupa por vosotros y vuestras puñeteras vidas, tanto en este mundo como en el siguiente, y el siguiente no os quedará muy lejos si seguís haciendo el loco como hasta ahora. Coleman, no voy a hablar aquí de que asesinaras a tu padre, aunque obviamente me preocupa, como cura y como persona con un mínimo de moral, pero eso queda para tu conciencia, aunque espero que algún día te des cuenta de lo que has hecho y pidas perdón, porque déjame que te diga esto: que se burlen de tu peinado no es motivo para andar asesinando a nadie, de hecho no he oído peor motivo en mi vida. Ahí lo dejo, aunque lo mismo va por ti, Valene, por el papel que jugaste en el asesinato de tu padre, y no me vengas con que no jugaste papel ninguno porque sí que jugaste un papel y uno bastante importante. Mentir sobre que fue un accidente, solo para echarle mano al dinero de tu padre, es un acto igual de malvado que el de Coleman, si no más malvado aún, porque el acto de Coleman fue fruto de la furia y el rencor, mientras que tu acto se debió solamente a que eres un puñetero tacaño avaricioso de mierda, pero os dije que no iba a daros un sermón y en cualquier caso he perdido el hilo, así que dejaré de daros un sermón y empezaré un nuevo párrafo. *(Pausa.)* Como os decía me marcho esta noche de Leenane, pero he estado pensando en vosotros sin parar desde la noche en que me abrasé las manos en vuestra casa. Cada vez que me duelen las manos pienso en vosotros, y dejadme que os diga algo. Aceptaría ese dolor y un dolor mil veces peor, y lo soportaría con una sonrisa, si pudiera al menos devolveros el amor fraternal del que tristemente carecéis, y que debió existir algún día. ¿Es que de pequeños no os queríais el uno al otro? ¿O de chavales? ¿Qué os pasó, a dónde se fue? ¿No os habéis parado a pensarlo nunca? Me parece que lo que habéis hecho es sepultarlo muy adentro, bajo un montón de rencores y odio y de tanto venga a criticar como unas puñeteras viejas. Los dos sois como un par de puñeteras viejas, sí que lo sois, venga a pelearos a cuenta de puñeteras Taytos y cocinas y figuritas, que es una discusión de tontos del culo. Pero creo que vuestro amor sigue ahí en algún sitio debajo de todo eso, de hecho me juego la cabeza a que es así, y que me pudra en el infierno si me equivoco. Lo que ocurre es que os habéis pasado la vida uno encima del otro, y ha sido una existencia triste y solitaria, sin que haya aparecido ninguna mujer que os calme a ninguno de los dos, o al menos no muchas mujeres, o la clase equivocada de mujeres, y lo que pasa es que el resentimiento ha ido aumentando y aumentando sin control, las rencillas diarias y las culpas y las quejas y las afrentas insignificantes del uno contra el otro, y me parece que no sois capaces de dar un paso atrás y ver el amor que hay debajo y que haría posible que os perdonarais. En fin, que el propósito de mi carta es: ¿no podéis hacer algo al respecto? ¿No podéis dar un paso atrás y hacer una listina de todas las cosas del otro que os ponen de los nervios, y los agravios que el otro os ha causado a lo largo de los años y que aún os echáis en cara, y leer vuestras listas en voz alta, y hablar de ello abiertamente, y respirar profundamente y perdonaros esos agravios, sean los que sean? ¿Tan difícil sería, por el amor de Dios? Lo sería, ya lo sé, pero ¿no podéis al menos intentarlo? Y, si no funciona, pues no funciona, pero al menos podríais decir que lo intentasteis, y total no perdéis nada. Y si no queréis hacerlo por vosotros, ¿no lo haríais por mí? Por un amigo vuestro, que se preocupa por vosotros, que no quiere ver cómo acabáis reventándoos la cabeza el uno al otro, que nunca logró nada como cura en Leenane, de hecho más bien lo contrario, y que consideraría el mayor logro de todo el tiempo que pasó aquí que volvierais a ser dos buenos hermanos. Ya sé que sería prácticamente un milagro. Lo mismo luego me canonizan. *(Pausa.)* Valene y Coleman, me lo apuesto todo a vosotros. Estoy seguro de que sigue habiendo amor ahí en algún sitio, es solo cuestión de dar un paso atrás y buscarlo. Estoy dispuesto a apostar mi propia alma a que ese amor sigue ahí, y sé perfectamente que las probabilidades están en mi contra. Hay probablemente una posibilidad entre 64 000, pero aun así apuesto por vosotros, a pesar de todo, porque a pesar del asesinato y vuestro caos y vuestra mezquindad que sacaría de sus casillas hasta al puñetero santo Job, tengo fe en vosotros. ¿No me decepcionaréis, verdad? Os saluda atentamente, que el amor de Jesucristo sea con vosotros, Roderick Welsh.

Pausa. Welsh tiembla ligeramente. Oscuro.

Escena 6

La casa de Valene. La escopeta vuelve a estar en la pared sobre el estante lleno de figuritas de cerámica nuevas, todas marcadas con una «V». Coleman, con las gafas puestas, está sentado en el sillón de la izquierda, con un vaso de aguardiente al lado, enfrascado en otra revista de muje-

res. Entra Valene con una bolsa y apoya la mano en diferentes partes de la cocina. Irritado, Coleman trata de ignorarlo.

VALENE. Estoy echando un ojo. *(Pausa.)* No pasa nada por echar un ojo. *(Pausa.)* Creo yo. ¿Sabes? *(Pausa.)* Solo un ojo, así por encima. ¿Sabes lo que digo?

Tras un rato revisando la cocina, Valene saca algunas nuevas figuritas de cerámica de la bolsa y las coloca con las otras en el estante.

COLEMAN. Ay, por el amor de...

VALENE. ¿Eh?

COLEMAN. ¿Eh?

VALENE. Cuidadito, ¿eh?

COLEMAN. ¿Ajá?

VALENE. ¿Eh? Bonitas, ¿no? ¿Eh? ¿Qué te parece, Coleman?

COLEMAN. Me parece que te pueden dar por culo.

VALENE. No, nada de que me den por culo. ¿No estarían mejor un poquito más a la izquierda? Hmmm, pondremos al nuevo San Martín aquí, para que haya un santo morenito a cada lado, y quede simétrico, así, equilibrado. *(Pausa.)* Qué bien que se me da ordenar estantes. Es una habilidad con la que no contaba, la verdad. *(Pausa.)* Cuarenta y seis figuritas van ya. Estoy seguro de que entraré en el Cielo con tantas figuritas en casa.

Valene saca su rotulador y marca las nuevas figuritas.

COLEMAN. *(Pausa.)* Resulta que hay una pobre chica que ha nacido sin labios en Noruega.

VALENE. *(Pausa.)* Lo de los labios de esa chica no es nada nuevo.

COLEMAN. A esa chica no la va a besar nadie. No con las encías al aire.

VALENE. Mira, pues si no la va a besar nadie sois igualitos. Y tú no tienes excusa. Tú de labios vas con la dotación completa.

COLEMAN. Porque tú has besado a un millón de chicas, supongo. Claro que sí.

VALENE. Más bien dos millones.

COLEMAN. Dos millones, claro. Todas tus tiitas cuando tenías doce años.

VALENE. Qué tiitas ni qué tiitas. Mujeres como Dios manda.

COLEMAN. A mi hermano Valentine le ha dado por vivir en su propio mundo de sueños, con los gorriones y las hadas y los hombrecitos peludos. ¡Ujú! Y la gente de las flores.

VALENE. *(Pausa.)* Espero que ese no sea mi aguardiente.

COLEMAN. No es tu aguardiente, no te preocupes.

VALENE. ¿Ajá? *(Pausa.)* ¿Oíste lo que pasó?

COLEMAN. Lo oí, sí. ¿No es terrible?

VALENE. Es una vergüenza. Una verdadera vergüenza, y nada más que una vergüenza. No puedes expulsar a un equipo entero de futbol femenino.

COLEMAN. Y menos en una puñetera semifinal.

VALENE. Mira, ni en cualquier momento. Si tienes que expulsarlas las expulsas de una en una, por sus faltas individuales. No coges y te cargas a todas a la vez, cuando además solo llevan jugando siete minutos, para que se vayan a casa todas llorando.

COLEMAN. Las del St. Josephine solo pasaron por incomparecencia, y nada más que por incomparecencia. Si tuviesen algo de vergüenza no aceptarían su plaza en la final y nos la darían a nosotros.

VALENE. Espero que pierdan la final.

COLEMAN. Yo también, espero que pierdan la final. Claro que con su portera en coma es muy probable que lo hagan.

VALENE. No, su portera salió del coma hace un rato. Ahora está en cuidados intensivos.

COLEMAN. ¿Fingía, la muy zorra? ¿Nos han echado de todas las competiciones sin razón? Espero que vuelva a caer en coma y se muera.

VALENE. Yo también, espero que caiga en coma y se muera. *(Pausa.)* Mira tú, estamos de acuerdo.

COLEMAN. Lo estamos, supongo.

VALENE. A veces sabemos ponernos de acuerdo. *(Le arranca la revista de manos de Coleman.)* Pero no leas mis revistas, ¿me oyes? No hasta que no termine de leerlas.

Se sienta a la mesa y hojea la revista sin leerla. Coleman echa chispas.

COLEMAN. ¡Y tú deja de... deja de quitármelas de las putas manos, que casi me arrancas los dedos!

VALENE. Mira, estos dedos pa ti *(Le hace un gesto obsceno con los dedos.)* Te los puedes llevar a la cama contigo.

COLEMAN. Ni siquiera estás leyendo ese *Gente y Estilo.*[61]

VALENE. Sí que estoy leyendo este *Gente y Estilo,* o al menos estoy echándole una ojeada a este *Gente y Estilo,* a mi ritmo, ¿me entiendes?, como tiene derecho cualquiera si es con su propio dinero con el que se ha comprado su *Gente y Estilo.*

COLEMAN. No haces más que leer revistas de mujeres, no lees otra cosa. Para que luego digas que no eres un puñetero mariquita.

VALENE. Resulta que hay un chico en Bosnia que no solo no tiene brazos, sino que se le murió la mamá. *(Murmura mientras lee, luego:)* Bah, solo quieren dinero, como siempre, me cago en la leche.

COLEMAN. Pues como ese pobre chico sin brazos esté esperando tu dinero puede esperar sentado.

VALENE. Seguro que solo le hicieron esconder los brazos tras la espalda, solo para timarnos.

COLEMAN. A ti cualquier excusa te vale.

VALENE. Y me apuesto a que su mamá está perfectamente.

COLEMAN. *(Pausa.)* Compra *Bella*[62] si compras revistas. En *Gente y Estilo* no salen más que cuestionarios.

VALENE. Mira tú, un cupón para unos Honey Loops.

Valene arranca con cuidado el cupón a la vez que Coleman saca tranquilamente una bolsa de Taytos de un armario.

COLEMAN. Cuestionarios y huérfanos deformes. *(Pausa.)* Hum, ¿me dejas comerme una bolsa de Taytos, Val? Tengo un poquín de hambre.

VALENE. *(Alzando la vista. Pausa.)* ¿Me lo estás diciendo en serio?

COLEMAN. Venga va. Y te las debo.

61 En el original *Take a Break*, una revista británica dirigida al público femenino.
62 Otra revista británica de moda y cotilleos dirigida al público femenino.

VALENE. Deja esa bolsa donde estaba.

COLEMAN. Que te las debo, te digo. Puedes ponerlas en la misma cuenta en la que has puesto tus figuritas derretidas.

VALENE. Que dejes... que dejes... Pero ¿qué haces? Que dejes esas Taytos donde estaban, te he dicho.

COLEMAN. Valene, escúchame...

VALENE. No...

COLEMAN. Tengo hambre y necesito unas Taytos. ¿No he esperado a que volvieras para pedírtelo, eh, y solo porque soy honesto...?

VALENE. Y me has preguntado y te he dicho que no. Venga a meterte con mis Taytos la semana pasada, eso es lo único que recuerdo. Han cambiado las tornas, ¿eh?

COLEMAN. Te lo he pedido educadamente, anda, Valene, me cago en las tornas. Tres veces te lo he pedido educadamente.

VALENE. Ya sé que me lo has pedido educadamente, Coleman. Me lo has pedido la hostia de educadamente. ¡Y lo que te estoy diciendo es que no puedes comerte ninguna de mis puñeteras Taytos!

COLEMAN. ¿Es tu última palabra sobre el asunto?

VALENE. Es mi última palabra sobre el asunto.

COLEMAN. *(Pausa.)* Pues no me comeré entonces ninguna de tus Taytos. *(Pausa.)* Solo las haré miguitas.

Aplasta las patatas y le lanza la bolsa a Valene. Valene se levanta de un brinco y corre alrededor de la mesa para atrapar a Coleman, mientras Coleman agarra dos bolsas más del armario y las alza, una en cada mano, amenazando con aplastarlas también.

COLEMAN. ¡Atrás!

Valene se detiene de golpe.

COLEMAN. ¡Atrás o acabarán igual!

VALENE. *(Asustado.)* Deja mis patatas, por Dios, Coleman.

COLEMAN. Que las deje, ¿eh? Cuando lo único que pretendía es comprarte una y estaba dispuesto a pagarte lo que costaron, pero, ah, no.

VALENE. *(Con lágrimas en los ojos, atragantándose.)* Es un desperdicio de comida como Dios manda, eso es lo que es, Coleman.

COLEMAN. Comida como Dios manda, ¿eh?

VALENE. Hay bosnios que estarían felices de comerse esas Taytos.

Coleman abre una de las bolsas y empieza a comérselas en el mismo momento en que la puerta se abre de golpe y entra Girleen, con la cara enrojecida y una carta en la mano.

COLEMAN. Pues sí que son comida como Dios manda, ¿sabes?

GIRLEEN. *(Conmocionada.)* ¿Os habéis enterado de lo que pasó?

COLEMAN. ¿Qué pasó, Girleen? ¿Lo de las benjaminas...?

Al ver a Coleman distraído, Valene se le lanza al cuello, tratando de quitarle al mismo tiempo las patatas. Se tiran el uno al otro al suelo, rodando y peleándose, mientras Coleman aprovecha cualquier oportunidad para aplastar las patatas. Girleen los mira fijamente durante un rato, luego saca un cuchillo de carnicero de uno de los cajones, se acerca a ellos, agarra a Coleman por el pelo y le coloca el cuchillo en el cuello.

VALENE. Deja a Coleman en paz, Girleen, por Dios. ¿Se puede saber qué haces?

GIRLEEN. Os estoy separando.

COLEMAN. *(Asustado.)* Nos separamos, nos separamos.

VALENE. *(Asustado.)* Ya nos separamos.

Una vez se separan, Girleen suelta a Coleman y deja la carta sobre la mesa.

GIRLEEN. Tenéis una carta que os ha escrito el padre Welsh.

VALENE. ¿Para qué cojones nos escribe ese?

COLEMAN. Más lloriqueos, seguro.

Valene recoge la carta, Coleman se la quita. Valene se la vuelve a quitar. Empiezan a leerla juntos; Coleman se aburre a los pocos segundos. Girleen saca un colgante en forma de corazón y una cadena y lo mira.

GIRLEEN. Yo la leí mientras venía. Solo habla de que os queráis como hermanos.

COLEMAN. *(Reprimiendo la risa.)* ¿Qué?

VALENE. El padre Walsh Welsh se marcha, parece.

COLEMAN. ¿Está llena de lloriqueos, Valene? Seguro que sí.

VALENE. Y nada más que lloriqueos. *(Imitando a Welsh.)* «Que se burlen de tu peinado no es motivo para andar asesinando a nadie, de hecho no he oído peor motivo en mi vida».

COLEMAN. *(Riéndose.)* Qué voz tan graciosa.

GIRLEEN. Pedí este corazón con una cadena del catálogo de moda de mi madre. No llegó hasta esta misma mañana. Le pedí que me escribiera con su nueva dirección anoche, para poder mandárselo. Nunca habría reunido el valor suficiente para dárselo en persona. Me habría puesto roja, roja hasta las orejas. Llevo cuatro meses ahorrando para comprárselo. Todo el dinero de mi aguardiente. *(Llorando.)* Me he gastado todo el dinero de mi aguardiente. Tendría que haberlo derrochado con los chicos de Carraroe, y no poner mis esperanzas en un fulano que sabía perfectamente que nunca iba a ser mío.

Girleen corta la cadena en dos con el cuchillo.

COLEMAN. Pero no rompas la cadena, Girleen.

VALENE. Deja tu cadenina aquí, anda, Girleen. Que parece que vale lo suyo.

Girleen arroja la cadena a un rincón.

GIRLEEN. *(Sorbiéndose los mocos.)* ¿Habéis acabado de leer ya la carta?

VALENE. Yo sí. Un montón de chorradas.

GIRLEEN. Yo la leí para ver si me mencionaba. Pero ni mu.

COLEMAN. No son más que huevadas, ¿no, Valene? ¿No vale la pena leerla, no?

VALENE. No vale la pena.

COLEMAN. Pues paso, que no tengo tiempo para cartas. Nunca les he visto la gracia. No son más que palabras.

Girleen. A mí me gustó la parte donde dice que está dispuesto a apostar su propia alma por vosotros. ¿No te gustó esa parte?

Valene recoge la cadena rota.

Valene. Me parece que esa parte no la entendí.

Girleen. *(Pausa.)* El padre Welsh se ahogó anoche en el lago, en el mismo lugar que Tom Hanlon. Sacaron su cuerpo esta mañana. De lo que habla es de su alma en el infierno, que solo vosotros podéis salvar. *(Pausa.)* ¿Os dais cuenta? Nunca me pidió a mí que le salvara el alma. Me gustaría habérsela salvado. Habría sido un honor, pero no. *(Llorando.)* Solo a unos putos palurdos borrachos de mierda se lo pide.

Conmocionado, Coleman lee la carta. Girleen se dirige a la puerta. Valene le ofrece el colgante.

Valene. Tu corazón, Girleen, será mejor que te lo quedes.

Girleen. *(Llorando.)* Que le den a mi corazón. Que le den bien dado. Tirarlo al puto estiércol, que es donde mejor está ese puñetero corazón. *(Saliendo.)* ¡Mira que no decirme a mí ni mu!

Después de salir Girleen, Valene se sienta en un sillón, mirando la cadena. Coleman termina de leer la carta, la deja en la mesa y se sienta en el otro sillón.

Valene. ¿La leíste?

Coleman. La leí.

Valene. ¿No es triste?

Coleman. Sí que es triste. Muy triste.

Valene. *(Pausa.)* ¿Lo intentamos? ¿Lo de llevarnos bien?

Coleman. Lo intentaremos.

Valene. Total no perdemos nada por intentarlo.

Coleman. No perdemos nada, no.

Valene. *(Pausa.)* Pobre padre Welsh Walsh Welsh.

Coleman. Welsh.

Valene. Welsh. *(Pausa.)* ¿Por qué lo haría?

Coleman. Me imagino que debía estar disgustado por algo.

Valene. Me imagino. *(Pausa.)* Es una cadena cara, esta. *(Pausa.)* Se la devolveremos la próxima vez que la veamos. Solo está conmocionada.

Coleman. Sí. No está en sus cabales ahora mismo. Me hizo daño cuando me tiró del pelo, ¿sabes?

Valene. Sí que parecía que dolía.

Coleman. Dolía.

Valene. *(Pausa.)* Lo de que al padre Welsh le diera por matarse la verdad es que le da cierta perspectiva a lo de discutir por unas Taytos.

Coleman. Y tanto que lo hace.

Valene. ¿Eh?

Coleman. Que y tanto que lo hace.

Valene. Sí. Mucha perspectiva. Mucha.

Coleman. *(Pausa.)* ¿Te fijaste en lo de que se llamaba «Roderick»?

Valene. *(Riéndose por la nariz.)* Me fijé.

Coleman. *(Pausa. Serio.)* No deberíamos reírnos.

Valene asiente. Los dos ponen cara seria. Oscuro.

Escena 7

La habitación está más ordenada. La carta de Welsh está clavada a los pies del crucifijo. Valene y Coleman van vestidos de negro, de vuelta del funeral de Welsh. Coleman lleva una pequeña bolsa de plástico llena de rollitos de salchicha y volovanes. Se sienta en la mesa. Valene abre su lata de galletas donde esconde el aguardiente.

Valene. Pues ya está.

Coleman. Pues ya está, sí. Adiós al padre Welsh.

Valene. Un buen convite.

Coleman. Sí. Suele ser un buen convite cuando despachan a un cura.

Vacía la bolsa sobre la mesa.

VALENE. No hacía falta que te agenciaras una bolsa entera, Coleman.

COLEMAN. ¿Pues no me lo ofrecieron?

VALENE. Pero una bolsa entera, ¿te parece?

COLEMAN. Se habría echado a perder, y total una bolsa entera tampoco es que alcance para mucho entre los dos.

VALENE. ¿Entre los dos?

COLEMAN. Pues claro que entre los dos.

VALENE. Oooh.

Los dos comen de aquí y allá.

VALENE. Están ricos estos volovanes.

COLEMAN. Sí que están ricos.

VALENE. No se puede decir que la Iglesia católica no sepa cómo hacer buenos volovanes, la verdad.

COLEMAN. Es lo que mejor se les da. Y los rollitos de salchicha tampoco están nada mal, aunque probablemente los compraran.

VALENE. *(Pausa.)* Ehm, ¿te apetece tomarte un vaso de aguardiente conmigo, Coleman?

COLEMAN. *(Impresionado.)* Me apetece, por supuesto que me apetece. Si te sobra un culín, claro.

VALENE. Me sobra más que un culín, desde luego.

Valene sirve dos vasos, uno más grande que el otro, se lo piensa un momento, luego le da a Coleman el más grande.

COLEMAN. Gracias, Valene. Ahora celebraremos nuestro pequeño festín privado.

VALENE. Y que nos aproveche.

COLEMAN. ¿Te acuerdas de que de rapaces solíamos poner las mantas sobre el hueco que había entre nuestras camas y escondernos debajo como si fuera una tienda de campaña, y celebrábamos festines de sándwiches de mermelada?

VALENE. Erais tú y Mick Dowd los que solíais acampar en el hueco entre nuestras camas. Que nunca me dejaste unirme. Me pisabas la cabeza si trataba de meterme en el campamento con vosotros. Que todavía me acuerdo.

COLEMAN. ¿Mick Dowd era? No me acuerdo de nada, la verdad. Pensaba que era contigo.

VALENE. Me pasé media infancia aguantando que me pisaras la cabeza, y sin motivo. ¿Y te acuerdas cuando me tiraste al suelo y te sentaste encima en mi cumpleaños y dejaste caer un hilillo de baba de tu bocaza que me aterrizó en el ojo?

COLEMAN. Me acuerdo perfectamente, Valene, y te voy a decir algo. Pretendía aspirar ese escupitajo justo antes de que te diera en el ojo, pero lo que pasó es que perdí el control.

VALENE. En mi cumpleaños.

COLEMAN. *(Pausa.)* Me disculpo por escupirte en el ojo y me disculpo por pisarte la cabeza, Valene. Me disculpo, lo juro por el alma del padre Welsh.

VALENE. Pues acepto tus disculpas.

COLEMAN. Aunque de rapaces me acuerdo que un montón de veces me tirabas piedras a la cabeza mientras estaba dormido, y piedras bien grandes que eran.

VALENE. Lo de las piedras era solo en represalia.

COLEMAN. En represalia o no. Que te despierten a golpe de piedra es un susto de la hostia si eres un niño pequeño. Y las represalias no cuentan si es una semana más tarde. Las represalias solo aplican si es en el mismo momento.

VALENE. Me disculpo por tirarte piedras, pues. *(Pausa.)* Que además el cerebro nunca se te recuperó del todo, ¿no, Coleman?

Coleman mira fijamente a Valene durante un segundo, luego sonríe. Valene sonríe también.

VALENE. Es un juego genial este, lo de disculparse, el padre Welsh no se equivocaba.

COLEMAN. Espero que el padre Welsh no esté en el infierno. Espero que esté en el cielo.

VALENE. Yo también espero que esté en el cielo.

COLEMAN. O en el purgatorio en el peor de los casos.

VALENE. Aunque si está en el infierno al menos podrá hablar con Tom Hanlon.

COLEMAN. No es que no conozca a nadie.

VALENE. Y con el fulano de *Alias Smith and Jones.*

COLEMAN. ¿El fulano de *Alias Smith and Jones* está en el infierno?

VALENE. Lo está. Que me lo dijo el padre Welsh.

COLEMAN. El rubio.

VALENE. No, el otro.

COLEMAN. Siempre son los mejores los que van al infierno. Yo probablemente vaya directo al cielo, aunque le reventara la cabeza al pobre papá. Mientras lo confiese, al menos. Es lo bueno de ser católico. Puedes pegarle un tiro a tu padre en la cabeza, que no pasa nada.

VALENE. Hombre, un poquito sí que pasa.

COLEMAN. Un poquito sí que pasa, pero no demasiado.

VALENE. *(Pausa.)* ¿Viste a Girleen llorar como una Magdalena en el funeral?

COLEMAN. La vi.

VALENE. Pobre Girleen. Dos veces por la noche tuvo su madre que llevársela a rastras del lago, ¿te enteraste? Estaba en el sitio donde saltó el padre Walsh, allí de pie sin hacer nada, mirando el lago.

COLEMAN. Tenía que gustarle el padre Welsh o algo.

VALENE. Supongo que sí. *(Sacando la cadena de Girleen.)* No quiso que le devolviera su cadenina. No quería ni oír hablar del tema. La pondré aquí con la carta.

Cuelga la cadena del crucifijo, de modo que el corazón pende sobre la carta, que procede a alisar delicadamente.

VALENE. Girleen va a acabar en el loquero como siga así.

COLEMAN. La verdad es que solo es cuestión de tiempo.

VALENE. ¿No es triste?

COLEMAN. Sí que es triste. Muy triste. *(Pausa. Encogiéndose de hombros.)* En fin.

Se come otro volován. Valene recuerda algo, rebusca en los bolsillos de su chaqueta, saca dos figuritas de cerámica, las coloca en el estante, le quita el capuchón a su rotulador casi automáticamente, se lo piensa mejor y lo guarda.

COLEMAN. Me parece que estoy empezando a cogerle gusto a los volovanes. Se me va haciendo el paladar. Deberíamos ir a más funerales.

VALENE. Los ponen también en las bodas.

COLEMAN. ¿Ah, sí? ¿Quién será el próximo en casarse por aquí? Antes habría dicho que Girleen, con lo guapa que es, pero probablemente acabe matándose antes de conseguir casarse.

VALENE. Probablemente el próximo en casarse sea yo, con lo guapo que soy. ¿Viste hoy que las monjas jóvenes no me quitaban ojo?

COLEMAN. ¿Quién iba a casarse contigo? Hasta la chica sin labios de Noruega te rechazaría.

VALENE. *(Pausa. Enfadado.)* Mira, estoy dando un paso atrás... Estoy dando un paso atrás, como dijo el padre Walsh, y te perdono los insultos.

COLEMAN. *(Sincero.)* Ay... ay, perdona, Valene. Perdona. Se me escapó sin darme cuenta.

VALENE. No pasa nada, si fue sin querer no pasa nada.

COLEMAN. Sí que fue sin querer. *(Pausa.)* Aunque recuerdo que antes me insultaste, con lo de que las piedras me causaron daños cerebrales cuando era niño, y ni siquiera te regañé.

VALENE. Me disculpo por decir que de niño tuviste daños cerebrales.

COLEMAN. No hace falta que te disculpes, Valene, y te he dejado el último volován además.

VALENE. Cómete tú el último volován, Coleman. No me apasionan demasiado los volovanes, la verdad.

Coleman asiente agradecido y se come el volován.

VALENE. ¿No te parecieron encantadoras las monjas jóvenes hoy, Coleman?

COLEMAN. Eran unas monjas encantadoras.

VALENE. Debían de conocer al padre Welsh del colegio de monjas.

COLEMAN. Me gustaría tocar a esas monjas tanto arriba como abajo, la verdad que sí. Menos a la vacaburra aquella.

VALENE. Era fea de cojones y bien que lo sabía.

COLEMAN. Si papá hubiera estado allí hoy se habría puesto a gritarles a las monjas.

VALENE. ¿Por qué le gritaba papá a las monjas, Coleman?

COLEMAN. No tengo ni idea de por qué le gritaba a las monjas. Habría tenido alguna mala experiencia de niño.

VALENE. Si no le hubieras reventado los sesos a papá podríamos preguntarle directamente.

Coleman lo mira con dureza.

VALENE. No, si no digo nada. Estoy tranquilo. He dado un pasito atrás, y lo estoy diciendo tranquilamente y sin rencor ninguno, pero sabes perfectamente que aquello no estuvo bien, Coleman, pegarle un tiro a papá en la cabeza. Al menos te pesará en el corazón, digo yo.

COLEMAN. *(Pausa.)* Ya sé que no estuvo bien. No solo en el corazón, sino en la cabeza y en todos lados. Hice mal en dispararle a papá. Hice muy mal. Y lo siento.

VALENE. Y yo siento haberte sentado y hacerte firmar y renunciar a tu vida, Coleman. Es la única forma que se me ocurrió de castigarte en ese momento. Bueno, te podría haber dejado ir a la cárcel, pero no quería que fueras a la cárcel, y no fue por avaricia que no te dejé ir a la cárcel. Fue más bien porque no quería quedarme aquí solo. Te habría echado de menos. *(Pausa.)* A partir de hoy... a partir de hoy, esta casa y todo lo que hay en ella es tuyo a medias, Coleman.

Emocionado, Coleman le tiende la mano y se las estrechan, cohibidos. Pausa.

VALENE. ¿Hay alguna otra confesión que queramos hacer para desahogarnos, ahora que estamos en ello?

COLEMAN. Debe de haber millones. *(Pausa.)* Hacer migas tus patatas fritas, Valene, lo siento.

VALENE. Te perdono. *(Pausa.)* ¿Te acuerdas aquellas vacaciones en Lettermullen cuando éramos niños, que dejaste la diligencia de los vaqueros bajo la lluvia y a la mañana siguiente había desaparecido y mamá y papá dijeron: «Vaya, la habrán secuestrado los indios»? No la secuestraron los indios. Me levanté temprano y la tiré al mar.

COLEMAN. *(Pausa.)* Me encantaba aquella diligencia.

VALENE. Ya sé que te encantaba, y lo siento.

COLEMAN. *(Pausa.)* Aquel escupitajo que te tiré en tu cumpleaños. No traté de aspirarlo, la verdad. Quería que te diera en el ojo y me alegré. *(Pausa.)* Y lo siento.

VALENE. Vale. *(Pausa.)* Maureen Folan me pidió una vez que te preguntara si querías ir a ver una película al Claddagh Palace[63] con ella, y que te llevaría en coche y te invitaría a cenar, y por su tono de voz parecía que luego iba a haber algo más, pero nunca te di el mensaje, y fue por rencor y nada más que rencor.

COLEMAN. Tampoco es que me perdiera mucho, Valene. Maureen Folan parece un puto espectro y lleva unos pelos que parece un orangután asustado.

VALENE. Pero luego parecía que iba a haber algo más.

COLEMAN. Con algo o sin algo. Vaya confesión. Vale, me toca. Voy ganando.

VALENE. ¿Qué quieres decir con que vas ganando?

COLEMAN. *(Pensando.)* ¿Te acuerdas de tu juego de canicas?

VALENE. Claro que me acuerdo de mi juego de canicas.

COLEMAN. No fue Liam Hanlon quien te robó las canicas, fui yo.

VALENE. ¿Para qué querías mis canicas?

COLEMAN. Me fui a tirárselas a los cisnes en Galway. Me lo pasé bomba.

VALENE. Me jodiste el juego de canicas. No se puede jugar al juego de canicas sin canicas. Y además ese juego de canica era de los dos. No hiciste más que tirar piedras a tu propio tejado, Coleman.

COLEMAN. Ya lo sé y lo siento, Valene. Te toca. *(Pausa.)* Demasiado lento. ¿Te acuerdas aquella vez que alojamos a unos niños retrasados, y tiraron la mitad de nuestros cómics de Spiderman al fuego? No lo hicieron. ¿Sabes quién lo hizo? Fui yo. Les eché la culpa porque eran demasiado zopencos para protestar.

63 Un cine del centro de la ciudad Galway.

VALENE. Eran unos cómics de Spiderman de la leche, Coleman. Spiderman luchaba contra el Doctor Octopus en esos cómics.

COLEMAN. Ya, y lo siento. Te toca. *(Pausa.)* Demasiado lento...

VALENE. ¡Ey...!

COLEMAN. ¿Te acuerdas cuando Pato Dooley te molió a palos cuando tenía doce años y tu tenías veinte, y nunca supiste por qué? Yo sí que sé por qué. Le dije que habías llamado machirula de mierda a su madre muerta.

VALENE. ¡Con un puto cincel me sacudió Patoo Dooley ese día! ¡Casi me saca un puñetero ojo!

COLEMAN. Creo que a Pato le gustaba su mamá o algo. *(Pausa.)* Lo siento mucho, Valene.

Eructa perezosamente.

VALENE. ¡No, si ya se ve!

COLEMAN. ¿Sigo?

VALENE. Una vez le eché un vaso de pis a una pinta de cerveza que te estabas bebiendo, Coleman. ¿Y sabes qué? Ni siquiera notaste la diferencia.

COLEMAN. *(Pausa.)* ¿Cuándo fue eso?

VALENE. Cuando tenías diecisiete. ¿Te acuerdas de ese mes que estuviste en el hospital con tonsilitis bacteriana? Pues por aquel entonces. *(Pausa.)* Y lo siento, Coleman.

COLEMAN. La verdad es que sí que saco tu aguardiente de su lata todas las semanas, me bebo la mitad y relleno la botella con agua. Llevo diez años haciéndolo. No pruebas un aguardiente sin diluir desde el puto mil novecientos ochenta y tres.

VALENE. *(Bebe. Pausa. Hace gestos con la mano para no enfadarse. Gritando.)* ¡Pero lo sientes!

COLEMAN. Supongo que lo siento, sí. *(Murmurando.)* Mira que hacerme beber pis, y no el pis de cualquiera, sino tu puto pis...

VALENE. *(Enfadado.)* Pero ¡¿lo sientes, no?!

COLEMAN. ¡Lo siento, sí! ¡Lo siento, cojones! ¿No lo acabo de decir?

VALENE. Entonces vale, si lo sientes, aunque no sonaba para nada que lo sintieras.

COLEMAN. Pues que te den por culo, Valene, si no... Mira, voy a dar un paso atrás. *(Pausa.)* Siento haberte diluido el aguardiente todos estos años, Valene. Lo siento, ya está.

VALENE. Vale. *(Pausa.)* ¿Te toca a ti o a mí?

COLEMAN. Creo que te toca a ti.

VALENE. Gracias, Coleman. ¿Te acuerdas cuando Alison O'Hoolihan se puso a chupar ese lápiz en el patio, que ibais a ir a bailar al día siguiente, pero alguien le dio un empujoncito al lápiz y se le clavó en la campanilla, y para cuando salió del hospital ya estaba prometida con el médico que se lo sacó y no quería ni verte en pintura? ¿Te acuerdas? ¿De eso te acuerdas?

COLEMAN. Me acuerdo.

VALENE. Fui yo quien le dio un empujoncito a ese lápiz, y no fue un accidente. Estaba celoso y nada más.

Pausa. Coleman le tira sus rollitos de salchicha a la cara a Valene y se lanza sobre la mesa para tratar de agarrarlo por el pescuezo. Valene esquiva el ataque.

VALENE. ¡Y lo siento! ¡Lo siento! *(Señalando a la carta.)* ¡El padre Welsh! ¡El padre Welsh!

Valene esquiva a Coleman. Se quedan mirando el uno al otro, Coleman furioso.

COLEMAN. ¡¿Eh?!

VALENE. ¿Eh?

COLEMAN. ¡Alison O'Hoolihan me gustaba un huevo! ¡Podríamos estar casados hoy si no hubiera sido por ese puto lápiz!

VALENE. ¿Qué coño hacía chupándolo con la punta hacia dentro? ¡Es como si se lo estuviera buscando!

COLEMAN. ¡Y lo encontró contigo, vamos que si lo encontró! ¡Te podrías haber cargado a Alison O'Hoolihan con ese lápiz!

VALENE. Y lo siento, te dije. ¿Por qué me tiras unos buenos rollitos de salchicha? Esos rollitos de salchicha cuestan un dinero. Se supone que tenías que haber dado un paso atrás y calmarte, pero no, ah, no, perdiste los estribos. El alma del padre Welsh se estará achicharrando por tu culpa.

COLEMAN. No me vengas ahora con el alma del padre Welsh. Esto va de clavarle lápices en la boca a una pobre chica.

VALENE. Ese lápiz es agua pasada y me he disculpado de corazón por ese lápiz. *(Se sienta.)* Además, si era bizca.

COLEMAN. ¡Qué iba a ser bizca! ¡Tenía unos ojos preciosos!

VALENE. Pues a mí me parece que tenían algo raro.

COLEMAN. Tenía unos ojos marrones preciosos.

VALENE. Ya. Sí. *(Pausa.)* Bueno, te toca a ti, Coleman. A ver si puedes superarlo. Je.

COLEMAN. ¿A ver si puedo superarlo, eh?

VALENE. Eso.

Coleman piensa un momento, sonríe ligeramente, luego se sienta.

COLEMAN. Mira, he dado un paso atrás.

VALENE. Ya veo que has dado un paso atrás.

COLEMAN. Estoy tranquilísimo. Qué bien que sienta desahogarse.

VALENE. ¿Verdad que sienta bien? Me alegro de haber confesado lo de ese lápiz. Ahora podré dormir por las noches.

COLEMAN. ¿Te resulta un alivio?

VALENE. Me resulta un alivio. *(Pausa.)* ¿Qué andas elucubrando?

COLEMAN. Tengo algo y lo siento muchísimo. Ay, muchísimo lo siento.

VALENE. No va a ser tan bueno como lo de clavarle un lápiz a la bizca de la pobre Alison, sea lo que sea.

COLEMAN. Pues supongo que tienes razón. Lo mío es solo algo pequeñito. ¿Te acuerdas que siempre pensaste que fue Mairtin Hanlon el que le cortó las orejas al pobre Lassie?

VALENE. *(Con seguridad.)* No te creo. Eso te lo estas inventando.

COLEMAN. No fue el taponcete de Mairtin. ¿Sabes quién fue, eh?

VALENE. Mis cojones ibas a ser tú. Vas a tener que esforzarte más, Coleman.

COLEMAN. Lo arrastré hasta el arroyo, tijeras en mano, mientras el condenado no hacía otra cosa que gimotear hasta que acabé y se desplomó sin siquiera rechistar, el puto perro quejica de los huevos.

VALENE. ¿Ves? No me afecta para nada cuando te inventas mentiras. No entiendes las reglas, Coleman. Tiene que ser verdad, porque, si no, es una tontería. No puedes atribuirte el mérito de cortarle las orejas a un perro cuando no le pusiste ni un dedo encima a las orejas de ese perro, que lo sabe todo el puto mundo.

COLEMAN. *(Pausa.)* ¿Quieres pruebas, eso es lo que quieres?

VALENE. Quiero pruebas, exactamente. Pruebas. Tráeme pruebas de que le cortaste las orejas a mi perro. Y date prisa con esas pruebas.

COLEMAN. No me pienso dar prisa. Me tomaré mi tiempo.

Lentamente se levanta y se va con total tranquilidad a su cuarto, cerrando la puerta detrás de él. Valene espera pacientemente, riéndose preocupado. Tras una pausa de diez segundos, Coleman vuelve con la misma tranquilidad, con una bolsa de papel marrón ligeramente húmeda. Hace una pausa junto a la mesa para darle un efecto dramático, lentamente abre la bolsa, saca una suave oreja negra de perro, la coloca encima de la cabeza de Valene, saca la segunda oreja, hace una pausa, la coloca también sobre la cabeza de Valene, deja la bolsa vacía sobre la mesa, la alisa, y luego se sienta en el sillón de la izquierda. Valene se ha quedado mirando al infinito mientras tanto, estupefacto. Inclina la cabeza y las orejas caen sobre la mesa y se queda mirándolas fijamente un momento. Coleman coge el rotulador de Valene y se lo lleva a la mesa, sobre la que lo deja.

COLEMAN. Mira, ahí tienes tu rotuladorcito, Val. ¿Por qué no marcas tus orejas de perro con tu «V», para que sepamos de quién son? *(Se sienta otra vez en el sillón.)* ¿Y quieres oír otra cosa, Valene? Siento haberle cortado las orejas al perro. De corazón que lo siento, uy que si lo siento, porque he dado un paso atrás, mírame...

Suelta una risita por la nariz. Valene se levanta, se queda mirando inexpresivamente a Coleman un momento, se acerca al armario de la derecha y, dándole la espalda a Coleman, saca el cuchillo de carnicero. En el mismo breve instante, Coleman se levanta, coge la escopeta que está sobre la cocina y se sienta otra vez con ella. Valene se da la vuelta, enarbolando el cuchillo. La escopeta lo apunta directamente. Valene se encoge ligeramente, lo piensa un momento, recupera el valor y su rabia, y lentamente se acerca a Coleman, levantando el cuchillo.

COLEMAN. *(Sorprendido, un poco asustado.)* ¿Qué haces, Valene?

VALENE. *(Con la mirada perdida.)* Oh, no hago nada, Coleman, nada aparte de matarte.

COLEMAN. Vuelve a meter ese cuchillo en su sitio, anda.

VALENE. No, en la cabeza voy a metértelo.

COLEMAN. ¿No ves mi escopeta?

VALENE. Mi pobre Lassie, que nunca le hizo daño ni a una mosca.

Ha llegado hasta donde está Coleman, de modo que el cañón de la escopeta le roza el pecho. Levanta el cuchillo por encima de su cabeza.

COLEMAN. Pero qué haces, anda. Para.

VALENE. Sí, que voy a parar yo ahora...

COLEMAN. El alma del padre Welsh, Valene. El alma del padre...

VALENE. ¡El alma del padre Welsh mis cojones! ¡El alma del padre Welsh no tuvo nada que ver cuando le diste un tajo a las orejas de mi perro y te las guardaste en una bolsa!

COLEMAN. Pero si eso fue hace un año. ¿A qué viene ahora?

VALENE. ¡Vete diciendo adiós al mundo, puto cabrón!

COLEMAN. Pues tú también tendrás que decirle adiós al mundo, mira tú, porque te pienso llevar conmigo.

VALENE. ¿Te parece a mí que me importa?

COLEMAN. *(Pausa.)* Eeeh, espera espera espera, anda...

VALENE. ¿Qué...?

COLEMAN. Fíjate en mi escopeta. Fíjate en mi escopeta y a dónde apunta, ¿lo ves?

Coleman retira la escopeta del pecho de Valene y apunta directamente a la puerta del horno de la cocina.

VALENE. *(Pausa.)* Deja de apuntar con la escopeta a mi cocina, ¿me oyes?

COLEMAN. Ni de coña. Apuñálame, venga. Será tu cocina la que se vaya conmigo y no tú.

VALENE. Deja de... Pero ¿qué...? Que es una cocina de trescientas libras, Coleman...

COLEMAN. De trescientas libras, lo sé perfectamente.

VALENE. Déjala en paz. Eso es caer muy bajo, eso es lo que es.

COLEMAN. Aparta ese cuchillo, pedazo de mariquita.

VALENE. *(Al borde de las lágrimas.)* No eres nada hombre, apuntando con una escopeta a una cocina.

COLEMAN. Ya ves tú lo que me importa serlo o no serlo. Que te apartes, te he dicho.

VALENE. No eres más que un... no eres más que un...

COLEMAN. ¿Eh?

VALENE. ¿Eh?

COLEMAN. ¿Eh?

VALENE. No eres un hombre.

COLEMAN. Que te apartes, so llorica. Da un paso atrás. Ejejé.

VALENE. *(Pausa.)* Ya me aparto, ya.

COLEMAN. Va a ser lo mejor.

Valene retrocede lentamente, deja el cuchillo sobre la mesa y se sienta triste, acariciando las orejas de su perro. Coleman sigue apuntando la escopeta hacia la puerta de la estufa. Sacude ligeramente la cabeza.

COLEMAN. No me puedo creer que me hayas amenazado con un cuchillo. No, no me puedo creer que hayas amenazado con un cuchillo a tu propio hermano.

VALENE. Tú bien que lo hiciste con mi perro, y bien que apuntaste con la escopeta a nuestro propio padre, que le hizo bastante más daño que un puñetero cuchillo.

COLEMAN. No, no me lo puedo creer. No me puedo creer que me hayas amenazado con un cuchillo.

VALENE. Calla ya con lo del cuchillo y deja de apuntar con esa escopeta a mi puñetera cocina, venga, que todavía se te dispara por accidente.

COLEMAN. ¿Por accidente, dices?

VALENE. ¿Está el seguro puesto?

COLEMAN. ¿El seguro puesto, dices?

VALENE. ¡Que sí, el seguro! ¡Que si está el seguro puesto! ¿Tengo que repetírtelo todo diez millones de veces?

COLEMAN. El seguro, ajá...

Se levanta de un salto, apunta con la escopeta a la cocina y dispara, reventando el lado de la derecha. Valene cae de rodillas, horrorizado, con la cara entre las manos. Coleman amartilla la escopeta otra vez y revienta la parte izquierda, luego con total tranquilidad se vuelve a sentar.

COLEMAN. No, pues se ve que el seguro no estaba puesto, Valene. ¿Te lo puedes creer?

Pausa. Valene sigue de rodillas, estupefacto.

COLEMAN. Y te voy a decir algo más...

Vuelve a levantarse de un salto y, sujetando la escopeta por el cañón, empieza a golpear violentamente con ella las figuritas, haciéndolas pedazos y mandándolos volando por el cuarto hasta que no queda una en pie. Valene grita sin parar. Al acabar, Coleman se vuelve a sentar, con la escopeta sobre el regazo. Valene sigue de rodillas. Pausa.

COLEMAN. Y no me vengas con que no te lo merecías, porque ambos sabemos que sí.

VALENE. *(Atontado.)* Me has roto todas las figuritas, Coleman.

COLEMAN. Pues sí. ¿No me has visto?

VALENE. Y me has hecho mierda la cocina.

COLEMAN. Es una escopeta estupenda, revienta cualquier cosa.

VALENE. *(Poniéndose en pie.)* Y ahora ya no tienes balas en esa escopeta estupenda.

Perezosamente, coge el cuchillo y se acerca a Coleman. Pero según lo hace Coleman abre el cañón de la pistola, tira los cartuchos usados, busca en sus bolsillos, saca la mano cerrada que puede o no contener otro cartucho y le muestra el puño a Valene...

VALENE. ¡No tienes ninguna bala en esa mano! ¡No tienes ninguna mano en esa mano!

... y carga, o finge cargar, la bala en la escopeta, sin que Valene o el público sepan en ningún momento si hay una bala o no. Coleman cierra de golpe el cañón y perezosamente la apunta a la cabeza de Valene. Coleman amartilla la escopeta. Una pausa muy muy larga.

VALENE. Quiero matarte, Coleman.

COLEMAN. Anda, no digas eso, por Dios, Val.

VALENE. *(Triste.)* Es verdad, Coleman. Quiero matarte.

COLEMAN. *(Pausa.)* Inténtalo.

Pausa. Valene hace girar y girar el cuchillo en la mano, mientras mira a Coleman, hasta que agacha la cabeza y devuelve el cuchillo al cajón. Coleman desamartilla la escopeta, se pone de pie y la deja en la mesa, sin apartarse de ella. Valene camina lentamente hacia la cocina y acaricia la carta clavada en la pared sobre ella.

VALENE. El padre Welsh estará abrasándose en el infierno por culpa de nuestra pelea.

COLEMAN. Bueno, ¿le pedimos que se apostara el alma por nosotros? No. Que, además, ¿no es contrario a las reglas que los curas hagan apuestas? Y me da igual lo que se jueguen. Hasta un billete de cinco libras habría sido exagerado en nuestro caso, como para encima su alma. ¿Qué hay de malo con pelearse, además? Anda que no me gusta a mí una buena pelea. Demuestra que no te da igual, una pelea. Eso es lo que el puñetero mariquita de Welsh no entiende. ¿No te gusta a ti una buena pelea?

VALENE. Me gusta una buena pelea, opino lo mismo. Aunque no me gusta que me maten al perro, y que me maten a mi puñetero padre.

COLEMAN. Y siento lo de tu perro y lo de papá, Valene. Lo siento. De verdad que lo siento. Y no tiene nada que ver con la carta del padre Welsh. De corazón te lo digo. Lo mismo vale por tu cocina y tus pobres figuritas también. Míralas. Perdí los estribos. Aunque, lo admito, te buscaste lo de la cocina y las figuritas.

VALENE. Y venga la burra al trigo, eh. *(Pausa.)* ¿Lo sientes, Coleman?

COLEMAN. Lo siento, Valene.

VALENE. *(Pausa.)* A lo mejor el alma del padre Walsh Welsh está bien.

COLEMAN. A lo mejor, sí. A lo mejor.

VALENE. No era mal tipo.

COLEMAN. No lo era.

VALENE. No eran un gran tipo, pero no era mal tipo.

COLEMAN. Sí. *(Pausa.)* Era un tipo *regular.*

VALENE. Era un tipo *regular.*

COLEMAN. *(Pausa.)* Voy a salir a tomarme un par de pintas. ¿Vienes?

VALENE. Sí, en un minuto voy.

Coleman se acerca a la puerta. Valene mira las figuritas con tristeza.

COLEMAN. Te ayudaré a recoger tus figuritas cuando vuelva, Valene. A lo mejor podemos pegar algunas. ¿Sigues teniendo el superglue?

VALENE. Tengo el superglue, aunque creo que se le ha pegado el capuchón.

COLEMAN. Ya. Eso es lo que pasa con el superglue.

VALENE. En fin, el seguro de la casa cubrirá lo de las figuritas de todas maneras. Y mi cocina.

COLEMAN. Oh...

VALENE. *(Pausa.)* ¿Oh, qué?

COLEMAN. ¿Te acuerdas de que hace un par de semanas me preguntaste si te robé el dinero de tu seguro y te dije que no, que lo había ingresado?

VALENE. Me acuerdo.

COLEMAN. *(Pausa.)* Pues no lo ingresé. Me lo bebí y lo meé contra un muro.

Valene, furioso, sale corriendo hacia el cajón del cuchillo. Coleman sale corriendo por la puerta principal, cerrándola de golpe al salir. Valene tira el cuchillo, corre hacia la escopeta y se acerca con ella a la puerta. Coleman ya se ha ido. Valene se queda ahí, temblando de rabia, al borde de las lágrimas. Tras un rato empieza a calmarse, respirando profundamente. Se fija en la escopeta que tiene en las manos un instante, luego cuidadosamente abre el cañón para ver si Coleman la cargó antes. Lo había hecho. Valene saca el cartucho.

VALENE. Me habría disparado, el muy cabrón. ¡A su puto hermano! ¡Como si su padre no fuera suficiente! ¡Como si mi cocina no fuera suficiente!

Arroja al suelo la escopeta y el cartucho, arranca la carta del padre Welsh de la pared bajo el crucifijo, tirando sin querer la cadena de Girleen al suelo, se lleva la carta a la mesa y saca una caja de cerillas.

VALENE. Y usted, puto cura quejica. ¿Necesito yo su alma mirándome por encima del hombro el resto de mi puñetera vida? ¿Cómo va a llevarse bien nadie con ese hijo de puta?

Enciende una cerilla y le prende fuego a la carta, que observa mientras la sostiene en alto. Tras algunos segundos, la carta apenas chamuscada, apaga las llamas y la mira sobre la mesa, suspirando.

VALENE. *(En voz baja.)* Tengo demasiado buen corazón, ese es mi puto problema.

Regresa hasta el crucifijo y cuelga la carta y la cadena otra vez, alisando la carta. Se pone la chaqueta, busca en los bolsillos si tiene monedas y se dirige a la puerta principal.

VALENE. Pues mira, no pienso invitar a ese cabrón a ninguna pinta. Eso ya se lo digo yo, padre Welsh Walsh Welsh.

Valene se gira para echarle un vistazo a la carta durante un segundo, triste, mira el suelo, luego sale. Lentamente, oscuro, con un solo foco iluminando el crucifijo y la carta medio segundo más que los otros.

Este libro se terminó de imprimir el 3 de octubre de 2025.
Gracias por el tiempo dedicado a su lectura.
Si quieres conocer otros libros publicados por
Punto de Vista Editores, visítanos en
puntodevistaeditores.com
También puedes seguirnos a través de
las redes sociales.

ÓmnibusTeatro

14. *Tarjeta de visita*
José Ramón Fernández
Para quemar la memoria; Mariana; La tierra; Nina; El que fue mi hermano (Yakolev); Monólogo de la perra roja que habla con el muerto sonriente; Babilonia; La colmena científica (o el café de Negrín); Yo soy don Quijote de la Mancha; Mi piedra Rosetta; El minuto del payaso; J'attendrai; Un bar bajo la arena; Un ángel

15. *Días azules y sol de infancia*
Itziar Pascual
Miauless; Mascando ortigas; Aire de vainilla; La vida de los salmones; Ainhara (Poema dramático); Raíz; Pepito (Una historia de vida para niños y abuelos)

16. *Dramedias*
Marta Buchaca
Litus; Losers (Perdedores); Kramig; Playoff; Solo una vez; Rita; ¿Cuánto me queda?

17. *Teatro de la memoria*
Helena Tornero
Apaches; Búnker (Como la gris mayoría de los mortales); No hables con extraños; Fascinación; Mañana

18. *Trilogía del poder y otras obras de dudosa moralidad*
Antonio Álamo
Trilogía del poder (*Los borrachos; Los enfermos; Yo, Satán*); *Cantando bajo las balas; Grande como una tumba; El bebé salvaje*

19. *Teatro clásico español del siglo* xix. *Vol. 1. Comedias*
José Luis González Subías (ed.), Juan de Grimaldi (*Todo lo vence amor, o La pata de cabra*), Manuel Bretón de los Herreros (*Marcela, o ¿A cuál de los tres?*), Manuel Eduardo de Gorostiza (*Contigo pan y cebolla*), Tomás Rodríguez Rubí (*La rueda de la fortuna*), Ventura de la Vega (*El hombre de mundo*)

20. *Reescrituras*
Pedro Víllora
Auto de los Reyes Magos; Barrio de las Letras; La viuda valenciana (Lope de Vega); *La dama duende* (Pedro Calderón de la Barca); *La vida es sueño* (Pedro Calderón de la Barca); *Tartufo* (J. B. P. Molière); *La noche veneciana* (Alfred de Musset); *Casa de muñecas* (Henrik Ibsen); *Un sabio* (Guy de Maupassant); *Insolación* (Emilia Pardo Bazán); *Aire frío* (H. P. Lovecraft)

21. *Obras raras*
Gabriel Calderón
Mi muñequita, la farsa; La mitad de Dios; Historia de un jabalí o Algo de Ricardo; Mi pequeño mundo porno; Mi eterno fin del mundo

22. *Teatro reunido. Vol. 1*

Josep Maria Miró

La mujer que perdía todos los aviones; *Gang Bang (abierto hasta la hora del ángelus)*; *El principio de Arquímedes*; *Nerium Park*; *Humo*; *Rasgar la tierra*; *Umbrío*

23. *Teatro reunido. Vol. 2*

Josep Maria Miró

La travesía; *Cúbito*; *Olvidémonos de ser turistas*; *Tiempo salvaje*; *El cuerpo más bonito que se habrá encontrado nunca en este lugar*; *La habitación blanca*; *Restos del fulgor nocturno*; *El Monstruo*

24. *Teatro clásico del siglo* xix. *Vol. 2. Piezas breves*

José Luis González Subías (ed.), Manuel Bretón de los Herreros y Ventura de la Vega (*El plan de un drama, o la conspiración*), Manuel Bretón de los Herreros (*Pascual y Carranza*), Antonio Gil y Zárate (*El fanático por las comedias*), Carlos García Doncel y Luis Valladares y Garriga (*Quiero ser cómica*), Joaquina Vera (*Dos amos para un criado*), Mariano Pina y Bohigas (*No más secreto*), Manuel Fernández y González (*Con poeta y sin contrata*), Antonio María Segovia (*¿Cuál de los tres es el tío?*), José Méndez de Álvaro (*Juan Garduño el artillero*), Rafael Máiquez (*¡Mal de ojo!*), Miguel Pastorfido (*El rey por fuerza*), Juan de la Puerta Vizcaíno (*El maestro de esgrima*)

25. *Teatro reunido. Vol. 1*

Borja Ortiz de Gondra

¿Dos?; *Metropolitano*; *Dedos (vodevil negro)*; *Mane, thecel, phares*; *Perro del mejor amo*; *Hacia el olvido*; *Del otro lado (danzón)*; *Herida en la voz*

26. *Teatro reunido. Vol. 2*

Borja Ortiz de Gondra

El barbero de Picasso; *Miguel de Molina, la copla quebrada*; *Prodigios*; *Duda razonable*; *Memento mori (cámara oscura)*; *Calpurnia (sueño, premonición y muerte)*; *Identidad*; *Tres días de diciembre*

27. *Las voces del dragón. Seis obras rapsódicas*

Roland Schimmelpfennig

Traducción de Albert Tola

El dragón de oro; *Peggy Pickit ve el rostro de Dios*; *El gran fuego*; *100 canciones*; *La media luna*; *Layo*

28. *Trilogía de la vejez*

Lars Norén

Traducción de Carmen Montes Cano

Andante; *Música de invierno*; *Cenizas*

29. *Trilogía de Leenane*

Martin McDonagh

Traducción de Andrés Catalán

La reina de la belleza de Leenane; *Un cráneo en Connemara*; *El solitario oeste*